Seton-Thompson

Bingo
und andere Tiergeschichten

Ernest Seton-Thompson

Bingo

und andere Tiergeschichten
mit 200 Illustrationen
des Autors

CARL HABEL VERLAG

Dieses Buch enthält die Lebensgeschichten von
Bingo ● Silberfleck ● Zottelohr
Lobo ● Vixen ● Rotkrause
Wully und dem Paßgänger

© 1964, 1976 Franckh-Kosmos
Verlags-GmbH & Co.
Überarbeitung: G. Anastasiadis
Illustrationen: E. Seton-Thompson
Herstellung: Erwin Ruhland, Compusatz GmbH, München
Satz: Compusatz GmbH, München
Gesamtherstellung: Carl Habel GmbH, Darmstadt
Einbandgestaltung: Wilfried Forster, München
Printed in Germany
ISBN 3-87179-204-7

Inhaltsverzeichnis

An meine Leser

Diese Erzählungen sind wahr. – Obwohl ich die geschichtliche Wahrheit an manchen Stellen umgangen habe: die Tiere in diesem Buch haben alle wirklich gelebt. Ihr Leben floß dahin, wie ich es geschildert habe, und sie bewiesen Persönlichkeit und Heldengröße weit nachdrücklicher, als es meine schwache Feder wiederzugeben imstande war.

Ich glaube, daß die Naturwissenschaft durch ihre heute übliche Verwendung viel verloren hat. Eine zehn Seiten lange Abhandlung über die Gewohnheiten und das Leben der Menschen gewährt wenig Befriedigung; es ist viel wertvoller, diesen Raum dem Leben *eines* großen Mannes zu widmen. Unter dem Einfluß dieses Grundsatzes sind die folgenden Geschichten entstanden. Die Persönlichkeit des Einzelwesens und seine Lebensanschauungen habe ich den einfachen Erzählungen zugrunde gelegt und nicht die Gewohnheiten einer Familie im allgemeinen, gesehen durch das abwägende, feindselige Auge des Menschen.

Man könnte mir vorwerfen, ich habe diesen Grundsatz nicht durchgeführt, da ich des öfteren verschiedene Charaktere in einem vereinigt habe; doch wurde dies infolge der oft mangelhaften Berichte über die Natur der beschriebenen Tiere nötig. Trotzdem bin ich in den Lebensgeschichten Lobos, Bingos und des Paßgängers auch nicht einen Zoll von der Wahrheit abgewichen.

Lobo führte sein wildes, romantisches Räuberleben von 1889 bis 1894 am Currumpaw, wie sich die dortige Bevölkerung noch gut erinnert, und endete, genau wie berichtet, am 31. Januar 1894.

Bingo war mein Hund von 1882 bis 1888, trotz längerer Unterbrechungen unseres Zusammenlebens, die durch größere Reisen veranlaßt wurden, und mein alter Freund, der Besitzer von Tan, wird aus diesem Buch erfahren, wer tatsächlich der Mörder des feinen treuen Hundes war.

Der Mustang lebte nicht weit von Lobos Gefilden, Anfang der neunziger Jahre. Seine Geschichte ist wahrheitsgetreu wiedergegeben, nur über das Ende sind die Meinungen geteilt, denn einige behaupten, der Mustang habe sich das Genick gebrochen, als man ihn gefangen auf eine Farm brachte. Tom Truthahnspur weilt dort, wo er die Streitfrage nicht mehr klären kann.

Wullys Lebensgeschichte ist genaugenommen die zweier Hunde, beide waren Mischlinge mit etwas Collieblut und wurden als Schäferhunde erzogen. Wullys Jugend verlief so, wie der erste Teil seiner Biographie es erzählt, während der zweite Teil tatsächlich das Leben eines anderen Hundes schildert – ein treuer Schäferhund bei Tag, ein blutdürstiger Wüterich bei Nacht. Derartiges ist weniger selten, als man vermutet. Während ich diese Geschichten schrieb, erfuhr ich von verschiedenen anderen Schäferhunden, die ein ähnliches Doppelleben wie Wully führten, und fast in jedem Fall war es ein Collie.

Rotkrause lebte im Don-Tal, nördlich von Toronto, und viele meiner Bekannten werden sich seiner noch erinnern. Er wurde 1889 von einem rohen Gesellen getötet, dessen wahren Namen ich nicht veröffentlicht habe, da ich mehr eine gewisse Gruppe Menschen als den einzelnen bloßzustellen trachtete.

Silberfleck, Zottelohr und Vixen haben tatsächlich gelebt, und obwohl ich die Abenteuer verschiedener ihrer Genossen in diesen Biographien vereint habe, ist jede Begebenheit aus dem Leben gegriffen.

Die Tatsache, daß diese Geschichten wahr sind, ist zugleich der Grund für *das tragische Ende* einer jeden.

Eine Sammlung wie die vorliegende hinterläßt den Leser naturgemäß oft nachdenklich, und zweifellos wird jeder Leser eine Moral nach seinem Empfinden und seinem Geschmack darin finden; aber ich hoffe, daß einige eine Lehre, so alt wie die Bibel, herauslesen werden – wir und die Tiere sind Bestandteile der Schöpfung. Dem Menschen ist nichts eigen, wovon das Tier nicht wenigstens eine Spur in sich trüge, und die Tiere haben keine Gewohnheit und keine Eigenschaft, die der Mensch nicht bis zu einem gewissen Grade teilt.

Wenn also die Tiere Geschöpfe sind, deren Wünsche und Gefühle nur in der Art des Ausdruckes sich von den unseren unterscheiden, so haben sie sicher auch Rechte und wir Verpflichtungen ihnen gegenüber. Diese alte Tatsache, die man endlich in der zivilisierten Welt anzuerkennen beginnt, wurde schon von Moses ausgesprochen und vor zweitausend Jahren von Buddha gelehrt.

Dieses Buch entstand unter der tätigen Mithilfe meiner Gattin, Grace Gallatin Seton-Thompson, der besonders für die einheitliche Ausstattung und für die literarische Durchsicht Dank gebührt.

Ernest Seton-Thompson

Bingo

Die Geschichte meines Hundes

1

Anfang November des Jahres 1882 war es, und ein richtiger Manitobawinter setzte gerade mit aller Härte ein. Ich hatte mich nach dem Frühstück behaglich in meinem Armstuhl ausgestreckt und vertrieb mir die Zeit damit, durch unser kleines Fensterchen zu schauen, das die Aussicht auf ein Stück Prärie und das Ende unseres Kuhstalls einrahmte. Dann fiel mein Blick wieder auf den alten Reim vom »Franzosenhund Bingo«, der auf die Wandbalken neben mir aufgeklebt war. Doch die verträumte Betrachtung von Reim und Aussicht wurde plötzlich gestört durch den Anblick eines großen grauen Tieres, das über die Prärie herüber und gerade in unseren Kuhstall hineinraste, verfolgt von einem kleineren schwarz-weißen Wesen.

»Ein Wolf«, rief ich, und meine Büchse ergreifend, sprang ich hinaus, um dem Hund beizustehen. Aber ehe ich zum Stall gelangen konnte, waren sie wieder auf und davon, und nach einer kurzen Strecke über den Schnee beschrieb der Wolf einen Bogen, und der Hund, unsers Nachbars Collie, umkreiste ihn, auf eine günstige Gelegenheit zum Angriff lauernd.

Ich feuerte einige Schüsse aus beträchtlicher Entfernung ab, welche aber nur bezweckten, sie zu erneuter Hatz über die Prärie anzustacheln. Binnen kurzem hatte der Hund den Wolf eingeholt und packte ihn am Schenkel, zog sich aber wieder zurück, um der Attacke des wütenden Wolfes zu entgehen. Dann begann von neuem ein kurzes Scharmützel, das wieder in einer wilden Jagd endete, und diese Szene wiederholte sich beinahe alle hundert Meter. Der Hund versuchte, den Wolf bei jedem neuen Ansturm zur Ansiedelung zu treiben, während dieser sich vergeblich abmühte, zu dem dunklen Streifen des Waldes im fernen Osten zu entweichen. Zuletzt, nach einer Meile hitziger Verfolgung, die sie kämpfend und rennend zurücklegten, überholte ich sie, und der Hund, der nun wußte, daß er im Rücken gedeckt war, griff zum Entscheidungskampf an.

Nach einigen Sekunden löste sich das rollende Knäuel der zappelnden Tiere auf, und man konnte einen Wolf erkennen, auf dessen Rücken ein blutender Collie sich fest in den Nacken verbissen hatte. Es war mir nun ein Leichtes, heranzutreten und dem Kampf durch einen wohlgezielten Büchsenschuß in den Kopf des Wolfes ein Ende zu machen.

Als dieser Hund mit den beneidenswerten Lungen dann sah, daß sein Gegner nicht mehr zuckte, würdigte er ihn keines Blickes, sondern machte sich auf den Weg zur einen Kilometer entfernten Farm, wo er wahrscheinlich seinen Gebieter verlassen hatte, als er den Wolf aufspürte. Es war ein wunderbares Tier und hätte zweifellos dem Wolf den Garaus gemacht, auch wenn ich nicht dazu gekommen wäre, denn ich erfuhr später, daß er dasselbe vorher schon mit anderen Wölfen getan hatte, der Tatsache zum Trotz, daß die Wölfe, obwohl von der kleineren Prärierasse, beträchtlich größer waren als er selbst.

Bewunderung für den Heldenmut dieses Hundes erfüllte mich, und ich versuchte sofort, ihn um jeden Preis zu erwerben. Doch bei meiner Anfrage erhielt ich von seinem Besitzer nur die spöttische Antwort: »Warum kauft ihr nicht einen seiner Nachkommen?«

Als ich so erfuhr, daß Frank, dies war der Name des Collies, nicht zu haben war, mußte ich mich notgedrungen mit dem Nächstbesten, d. h. einem seiner Sprößlinge oder besser einem

Ernest Seton Thompson

Sohn seiner Gattin begnügen. Dieser nachgewiesene Abkomme einer edlen Familie war ein kleiner rundlicher Ball, bedeckt mit schwarzem, weichem Fell und sah aus mehr wie ein Bärenjunges, als wie ein junger Hund. Dabei trug er aber einige braune Abzeichen wie sein Vater und einen höchst charakteristischen, weißen Ring, der wie ein Maulkorb um die Schnauze lag. Diese einzige Ähnlichkeit mit seinem großen Erzeuger ließen mich von künftigen Heldentaten träumen.

Nachdem ich ihn glücklich in Besitz hatte, bereitete nur die Frage, wie ich ihn nennen sollte, das nächste Kopfzerbrechen. Nach langem Nachdenken kam ich schließlich auf Bingo – und so hieß er dann sein Leben lang.

2

Den Rest des Winters lebte Bingo in unserem Schuppen das Leben eines verspielten, fetten, wohlmeinenden, aber stets verkannten jungen Hundes, der sich gewöhnlich überfrißt, dabei aber von Tag zu Tag größer und schwerer wird. Neugierig war er über alle Maßen, und selbst eine höchst traurige Erfahrung vermochte es nicht, ihn zu überzeugen, daß man die Nase nicht in eine Rattenfalle hineinstecken müsse. Seine Versuche mit der Katze freundschaftlich anzubandeln, wurden von dieser vollkommen mißverstanden und hatten nach einigen Scharmützeln zwar einen Waffenstillstand zur Folge, der aber oft schnell gebrochen wurde. Nach einigen Monaten zeigte Bingo, der schon früh seinen eigenen Kopf hatte, Neigung im Pferdestall zu übernachten und mied schließlich die Scheune ganz und gar.

Als das Frühjahr kam, befaßte ich mich ernstlich mit seiner Erziehung, und nach mancher traurigen Erfahrung meiner- und seinerseits brachte ich ihn soweit, daß er auf mein Geheiß auf die Suche nach unserer alten, gelben Kuh ging, die frei auf einer uneingezäunten Wiese weidete.

Als er dieses Geschäft einmal verstand, konnte man ihm mit nichts eine größere Freude bereiten, als mit dem Befehl, hinauszulaufen und die Kuh heranzutreiben. Dann sauste er davon, vor Vergnügen bellend und hohe Sprünge in die Luft machend, um die weite Fläche auf der Suche nach seinem Opfer besser übersehen zu können. In Kürze kehrte er dann zurück, die Kuh im vollen Galopp vor sich herjagend, und gab keine Ruhe, bis sie pustend und völlig außer Atem in den äußersten Winkel ihres Stalles getrieben war.

Etwas weniger Eifer von seiten Bingos würde gewiß befriedigender gewesen sein, aber wir ließen ihn gewähren, bis ihm die Sache anfing zuviel Spaß zu machen und er die alte Kuh nach Hause brachte, ohne daß es ihm geheißen war. Schließlich geschah es nicht nur ein- oder zweimal des Tages, sondern wenigstens ein dutzendmal, daß dieser übereifrige Kuhhirt davonlief und auf seine eigene Verantwortung hin das arme Geschöpf heimjagte.

Zum Schluß artete Bingos Lieberhaberei derartig aus, daß er, wenn er sich nach etwas Körperbewegung sehnte, oder einige Minuten Zeit hatte, oder nur zufällig daran dachte, in höchstem Tempo über die Wiesen davonraste und wenige Minuten später zurückkehrend, die unglückliche gelbe Kuh im Kavalleriegalopp vor sich herjagte.

Zuerst maßen wir dieser Vorliebe Bingos keinerlei Bedeutung bei, da es die Kuh davon abbrachte, sich zu weit von der Ansiedlung zu entfernen, aber bald kam es so, daß sie nicht mehr genügend fressen konnte, sie wurde mager und elend und gab von Tag zu Tag weniger Milch. Sogar auf ihr Gemüt schien es keinen guten Einfluß zu haben, denn fortwährend beobachtete sie nervös und argwöhnisch den verhaßten Hund, und am Morgen hielt sie sich ängstlich in der Nähe des Stalles auf, ab ob sie nicht wagte, sich davonzumachen und damit sofort das Opfer einer hitzigen Jagd zu werden.

Das ging nun doch zu weit! Alle Versuche, Bingos Eifer zu mäßigen, waren umsonst, und da nichts half, wurde er gezwungen, dieses Spiel ganz aufzugeben. Auch dann noch fuhr er fort, sein Interesse an der Kuh zu zeigen, indem er stets vor der Stalltür lag, wenn sie gemolken wurde, obschon er nicht mehr wagte, sie heimzubringen.

Der Sommer kam und brachte eine furchtbare Plage mit sich – die Moskitos. Doch beinahe noch unerträglicher als diese Quälgeister waren die fortwährenden Pendelbewegungen des Kuhschwanzes beim Melken.

Mein Bruder Fred, der das Melken zu besorgen pflegte, war ebenso unduldsam wie erfinderisch und hatte eine höchst originelle und einfache Idee, die Kuh am Peitschen mit dem Schwanz zu hindern. Er befestigte einfach am Ende einen Ziegelstein und begann befriedigt und mit Behagen seine Arbeit, während wir anderen der Sache mit unsicheren Blicken zusahen.

Plötzlich ertönte aus einer Wolke von Moskitos heraus ein dumpfer Schlag und ein Ausbruch wenig salonfähiger, aber höchst angebrachter Kraftausdrücke. Die Kuh fuhr ruhig fort wiederzukäuen, bis Fred wieder auf den Beinen war und sie wütend mit dem Melkschemel angriff. Es ist gewiß schon schlimm genug, von einer dummen Kuh mit einem Ziegelstein eine Kopfnuß zu bekommen, aber die schadenfrohe Freude und das Gelächter der Zuschauer machte es einfach unerträglich.

Als Bingo den Aufruhr im Stall vernahm und natürlich glaubte, daß man ihn dabei benötigte, kam er hereingesaust und griff die Kuh von der anderen Seite an. Nachdem zum Schluß alles wieder in Ordnung und jedermann beruhigt war, war die Milch verschüttet, der Eimer und der Schemel zerbrochen und der Hund und die Kuh jämmerlich geprügelt.

Dem armen Bingo war die ganze Sache vollständig unklar; schon lange hatte er die Kuh verachtet, aber jetzt beschloß er, im höchsten Unwillen auch die Stalltür zu meiden und hielt sich von diesem Tage an ausschließlich bei den Pferden und in deren Behausung auf.

Die Kühe auf unserer Farm gehörten mir, und die Pferde waren meines Bruders Eigentum. Als nun Bingo seine Zuneigung und seinen Wohnsitz vom Kuh- in den Pferdestall verlegte, schien er auch mich aufzugeben und mit unserer alten Kameradschaft hatte es ein Ende, aber im Notfall hielt er stets zu mir und ich zu ihm, und wir beide fühlten, daß eine einmal gefaßte und tief verwurzelte Zuneigung zwischen Mensch und Hund ein Leben lang hielt.

Nur einmal noch fungierte Bingo als Kuhhirte und zwar im Herbst desselben Jahres anläßlich des Jahrmarktes von Carberry. Unter den Zugnummern befand sich außer einer Viehschau auch die lockende Aussicht auf eine hohe Ehrenauszeichnung und einen Barpreis von zwei Dollar für den bestdressierten Collie.

Durch einen falschen Freund überredet, ließ ich Bingo mit auf die Liste setzen, und früh am festgesetzten Tag wurde die Kuh auf eine Wiese außerhalb des Dorfes getrieben. Als der Zeitpunkt kam, an dem Bingo seine Künste zeigen sollte, wurde ihm die in der Ferne friedlich weidende Kuh gezeigt und ihm der Befehl erteilt, sie zu bringen, natürlich mit der Meinung, daß er sie zum Stand der Preisrichter treiben sollte.

Aber die beiden Tiere wußten es besser und nicht umsonst hatten sie den ganzen Sommer über geprobt. Als die Kuh Bingo in großem Tempo auf sich zukommen sah, wußte sie, daß es ihre einzige Rettung war, sofort in den Stall zu gelangen, und der Hund war ebenso überzeugt, daß seine einzige Aufgabe darin bestand, ihr Tempo in diese Richtung möglichst zu beschleunigen. Darum rasten sie über die Prärie, wie der Wolf

hinter dem Reh, und in der Richtung nach der zwei Meilen entfernten Farm entschwanden sie unseren Blicken.

Es war das letzte Mal, daß Preisgericht und Richter jemals Hund und Kuh zu sehen bekamen, und der Preis wurde gerechtermaßen der einzigen anderen Anmeldung zugesprochen.

3

Bingo besaß, wie schon gesagt, eine sehr starke Anhänglichkeit zu den Pferden; am Tag trottete er neben ihnen her und des Nachts schlief er vor der Stalltür. Wo das Gespann hinging, dahin ging auch Bingo, und durch nichts war er von ihm fernzuhalten. Aus diesem Grunde erscheint die folgende Begebenheit höchst rätselhaft.

Ich war gewiß nicht abergläubisch und hatte bis zu diesem Tag niemals an Vorzeichen geglaubt, doch machte jetzt ein eigenartiger Zwischenfall, bei dem Bingo die Hauptrolle spielte, auf mich einen tiefen Eindruck. Wir zwei, d. h. mein Bruder und ich, lebten zu jener Zeit auf der »DeWinton-Ansiedelung«. Eines Morgens fuhr mein Bruder hinaus zum Boggybach, um eine Fuhre Heu einzuholen, und da es hin und zurück eine gute Tagesreise war, brach er schon beim Morgengrauen auf. Da geschah das Sonderbare, Bingo war zum ersten Mal in seinem Leben nicht zu bewegen, dem Wagen zu folgen. Mein Bruder rief ihn des öfteren, aber er hielt sich in sicherer Entfernung und weigerte sich, ängstlich zu den Pferden hinüberschielend, zu folgen. Dann plötzlich hob er seine Nase in die Luft und begann ein langes, melancholisches Geheul. Er verfolgte den Wagen mit den Augen, bis er außer Sicht war, ja lief auch ein Stückchen noch hinaus, aber nur um immer und immer wieder ein jammervolles Geheul zu er-

heben. Den ganzen Tag hielt er sich nahe beim Stall, zum ersten Mal freiwillig getrennt von den Pferden, und heulte mit kurzen Pausen einen wahren Totengesang. Ich war ganz allein, und das sonderbare Gebaren des Hundes flößte mir eine schreckliche Vorahnung von nahendem Unglück ein, die schwerer und schwerer auf mir lastete, je weiter der Tag vorrückte.

Ungefähr um sechs Uhr wurde mir Bingos anhaltendes Geheul unerträglich, so daß ich wütend das Nächstbeste nach ihm warf und ihn wegjagte. Aber die furchtbarsten Vorahnungen konnte ich nicht los werden. Warum hatte ich auch meinen Bruder allein ziehen lassen? Würde ich ihn je lebend wiedersehen? Nach dem Benehmen des Hundes zu urteilen, mußte etwas Entsetzliches passiert sein.

Die Stunde der Rückkehr nahte, und da erschien Fred mit seiner Fuhre. Vom lähmenden Bann erlöst, machte ich mich an den Pferden zu schaffen und fragte ganz nebenbei: »Ist alles in Ordnung?«

»Gewiß«, war die lakonische Antwort.

Wer kann nun noch an Vorzeichen glauben?

Viel später erzählte ich einem in geheimer Wissenschaft Erfahrenen die ganze Geschichte, er machte ein ernstes Gesicht und fragte: »Bingo hielt in Not und Gefahr immer zu dir?«

»Jawohl.«

»Dann lächle nicht. Denn *du* warst in Gefahr an jenem Tag; der Hund blieb und rettete dein Leben, obwohl wir nicht wissen können vor welcher Gefahr.«

4

Im Frühjahr hatte ich Bingos Erziehung begonnen. Kurz darauf begann er die meine.

Mitten auf dem zwei Kilometer langen Stück Prärie zwischen unserem Häuschen und Carberry stand der Grenzpfahl der Farm, ein starker Pfosten, eingerammt in einen Erdhügel und weithin sichtbar.

Ich bemerkte, daß Bingo niemals an diesem geheimnisvollen Pfahl vorüberlief, ohne ihn sorgfältigst zu untersuchen. Dann sah ich, daß die Präriewölfe sowohl als auch alle Hunde der Nachbarschaft dieses Merkmal besuchten, und schließlich halfen mir Beobachtungen mit dem Fernrohr, das Dunkel aufzuklären und mir einen Einblick in Bingos Privatleben zu verschaffen.

Der Pfahl war nach einem Übereinkommen ein Signalpfosten für die Mitglieder der großen Familie »Canis« der Umgegend, und ihr ausgezeichneter Geruchssinn machte es ihnen möglich, zu erkennen, welcher ihrer Genossen zuletzt auf diesem Platz gewesen war. Als der Schnee kam, enthüllte sich noch mehr, ich entdeckte nämlich, daß dieser Pfahl nur ein Punkt war, der zu einem ganzen System gehörte, das sich weit über das Land verbreitete. Kurzum, die Gegend war nach Bedarf in Signalstationen eingeteilt. Diese waren durch irgendeinen unauffälligen Gegenstand, durch einen Pfahl, einen Stein oder einen Büffelschädel, der zufällig auf dem gewünschten Platz lag, gekennzeichnet, und ausgedehnte Untersuchungen bewiesen, daß es eine hilfreiche Einrichtung war, um Nachrichten zu verbreiten und zu erhalten.

Jeder Hund oder Wolf hält es für seine Pflicht, alle Stationen, die in der Nähe seiner Reiseroute liegen, zu besuchen, um zu erfahren, wer kürzlich vorübergekommen ist.

Ich beobachtete, daß Bingo sich dem Pfahl näherte, schnüffelte, den Erdboden rundherum genau untersuchte, dann knurrte und mit zu Berge stehender Mähne und glühenden Augen wütend zu kratzen begann. Zum Schluß ging er steifbeinig davon, sich von Zeit zu Zeit umsehend. Alles dies bedeutete übertragen:

»Grrh! wuff! das war dieser dreckige Köter von McCarthys. Wuff! dem werde ich schon heute abend heimleuchten. Wuff! wuff!« Ein andermal wieder vertiefte er sich in die Spur eines Präriewolfes, welche herüber- und hinüberführte, und murmelte dabei:

»Die Spur eines Präriewolfes von Norden kommend und nach einer toten Kuh riechend. Das ist höchst interessant! Da muß Pollworths alte Blesse doch verendet sein. Das ist wert, näher untersucht zu werden.«

Bei anderen Gelegenheiten wedelte er mit dem Schwanz, lief in der Nachbarschaft umher und kreuz und quer um den Pfahl herum, um seinen Besuch möglichst deutlich erkennbar zu machen, wahrscheinlich zur Benachrichtigung seines Bruders Bill, der in Brandon lebte. Deshalb war es auch gewiß kein Zufall, daß Bill eines Tages bei uns auftauchte und von Bingo mit in die Hügel genommen wurde, wo ein höchst wohlschmeckendes, totes Pferd einen feinen Braten abgab.

Zuweilen wurde Bingo plötzlich so aufgeregt durch die erhaltenen Neuigkeiten, daß er die Spur aufnahm und im Galopp zur nächsten Station lief, um nähere Erkundigungen einzuziehen.

Oft rief die Untersuchung auch nur ein würdevolles Kopfschütteln hervor, das sich aussprach ungefähr wie:»O, du meine Güte, wer zum Kuckuck war denn das?« Oder:»Ich glaube fast, ich machte die Bekanntschaft dieses Herrn schon vorigen Sommer.«

Als Bingo sich eines Morgens dem Grenzpfahl näherte, sträubten sich seine Haare, er kniff den Schwanz ein, zitterte am ganzen Leib, und man konnte erkennen, daß ihm plötzlich übel wurde; alles sichere Zeichen von Angst und Schrecken. Auch schien er keine Lust zu verspüren, der Spur zu folgen, sondern kehrte nach Hause zurück, und noch eine halbe Stunde danach standen seine Haare zu Berge und sein Gesichtsausdruck zeigte Haß und Furcht.

Bei näherer Untersuchung der gemiedenen Fährte entdeckte ich, daß das entsetzte, tief gegurgelte »Grrh-wuff« »Waldwolf« bedeutete.

Dieses ist einiges von dem, was Bingo mich lehrte. Wenn ich ihn dann später sah, wie er sich erhob von seinem kalten, ungemütlichen Lager vor der Stalltür und sich streckte, den Schnee aus seinem zottigen Fell schüttelte und in einem steten Trott in der Dämmerung verschwand, dann pflegte ich zu denken:

»Aha, du alter Gauner, ich weiß schon, wo du hin willst und warum du den Schutz des Stalls verschmähst. Jetzt weiß ich, warum deine nächtlichen Streifzüge so genau an bestimmte Zeiten gebunden sind und woher du weißt, wohin du dich wenden mußt, um zu finden, was du suchst.«

5

Im Herbst des Jahres 1884 verließen wir die DeWinton-Farm, und Bingo war genötigt, sein altes Quartier mit einem neuen, dem Stall unseres Nachbarn, Gordon Wright, zu vertauschen.

Seit den ersten Tagen seiner Jugend hatte er sich geweigert, je ein Haus zu betreten, ausgenommen während eines Gewitters. Vor Donner und Feuerwaffen hatte er eine tiefverwurzelte Angst, und die Furcht vor dem Grollen der Elemente hatte zweifellos ihren Ursprung in einem unangenehmen Abenteuer mit einem Gewehr. Sein Nachtlager war, selbst während des kältesten Wetters, außerhalb des Stalls, um sich seiner nächtlichen Freiheit ungehindert zu erfreuen und sie nach Kräften auszunutzen. Bingos mitternächtliche Wanderungen dehnten sich meilenweit über die Ebene aus, wofür wir genügend Beweise hatten. Einige Farmer aus weitentfernten Gegenden warnten Gordon, daß sie von ihren Gewehren Gebrauch machen würden, wenn er seinen Hund des Nachts nicht einsperren würde, und Bingos Furcht vor Feuerwaffen bewies, daß diese Drohungen nicht leer waren. Ein Mann, der weit, weit entfernt in der Nähe von Petrel lebte, erzählte, er habe an einem Winterabend einen großen, schwarzen Wolf gesehen, doch änderte er später seine Ansicht und meinte, es müsse Wrights Hund gewesen sein.

So oft der Körper eines erfrorenen Rindes oder eines Pferdes sich irgendwo fand, war Bingo auf geheimnisvolle Weise sofort informiert, begab sich stehenden Fußes an die Stelle und stillte, die Präriewölfe vertreibend, seinen Hunger bis zum Ersticken.

Zuweilen war auch der Grund für seine nächtlichen Wanderungen die Liebe zur Hündin irgendeines Nachbars, und es war nicht zu befürchten, daß Bingos Geschlecht je aussterben würde. Einer behauptete sogar, er habe eine Wölfin gesehen, begleitet von drei Jungen, die der Mutter zwar ähnelten, jedoch größer und schwarz waren und um das Maul einen weißen Ring trugen.

Ob wahr oder nicht, ich erinnere mich, daß wir spät im März, mit Bingo hinter uns hertrottend, im Schlitten über Land fuhren und in einer Höhle einen Präriewolf aufspürten. Davon sauste er und Bingo raste hinterdrein, aber der Wolf schien sich nicht besonders anzustrengen, um zu entfliehen. Nach einigen Sekunden hatte der Hund ihn eingeholt und, so sonderbar es auch klingen mag, da entspann sich kein hitziger Kampf, keine blutige Balgerei!

Bingo lief liebenswürdig neben dem Wolf her und leckte ihm die Nase.

Wir waren höchst erstaunt und hetzten Bingo gegen den Graurock auf, aber unser Schreien und Rufen hatte nur zur Folge, daß der letztere davonrannte und der Hund hinterher, bis er ihn wieder überholt hatte. Seine Liebenswürdigkeit war zu auffällig, und es begann bei mir zu dämmern, es war eine Wölfin, und Bingo wollte ihr nichts tun. Wir riefen unseren ungeratenen Hund und fuhren heim.

Nach diesem Tag wurden wir wochenlang durch die Räubereien einer Wölfin belästigt, die unsere Hühner riß, Fleisch aus dem Haus stahl und verschiedene Male die Rinder in Schrecken versetzte, indem sie frech zum Fenster hereinschaute, wenn die Männer fort waren.

Schließlich wurde die Wölfin erschossen, und Bingos bittere Feindschaft gegen Oliver, der geschossen hatte, bewies seine Zuneigung zu der Dahingeschiedenen zur Genüge.

6

Es ist wunderbar, wie Mensch und Hund zusammenhalten und wie sie sich nie verlassen in Not und Gefahr. Butler erzählt von einem alten Indianerstamm im fernen Norden, der sich in blutiger Familienfehde aufrieb und zwar einzig und allein um eines treuen Hundes willen, der einem Krieger des Stammes gehörte und von einem Nachbarn getötet wurde. Ja selbst unter uns hört man oft genug von Gerichtsverhandlungen, ernsten Streitigkeiten und Fehden, die alle von dem alten Satz ausgehen: »Sei der Freund meines Hundes, und du bist auch der meine.«

Einer unserer Nachbarn besaß einen kostbaren Rüden, den er für den besten und wertvollsten auf der Welt hielt. Der Mann war ein Freund und so mochte ich auch seinen Hund und als eines Tages der arme Tan furchtbar verstümmelt heim-

gekrochen kam, vor der Tür liegen blieb und verendete, schwor auch ich furchtbare Rache und ließ nichts unversucht, den Mörder zu entdecken.

Ich setzte Belohnungen aus und suchte eifrig nach Beweismaterial zur Überführung des Verbrechers. Schließlich kam zutage, daß drei Männer, die südlich von uns wohnten, bei dieser blutigen Tat ihre Hand im Spiel hatten. Die Beweise häuften sich, und beinahe waren wir soweit, die Angelegenheit dem Gericht zu übergeben, welches das Urteil über die Mörder des armen Tan sprechen sollte.

Da ereignete sich etwas, das meine Ansicht sofort änderte und mich glauben machte, daß die Verstümmelung des alten Köters doch kein so schlimmes Verbrechen gewesen sei, jedoch mußte ich mir diese Sinnesänderung ziemlich gewaltsam aufdrängen.

Gordon Wrights Farm lag südlich von der unseren, und als ich dieselbe eines Tages besuchte, nahm mich Gordon jr., der wußte, daß ich Tans Mörder nachspürte, beiseite und wisperte, sich ängstlich dabei umsehend:

»Bingo war der Mörder.«

Von diesem Augenblick an ließ ich die Angelegenheit fallen, und ich bekenne, daß ich mit demselben Eifer nun die Nachforschungen irrezuleiten suchte, mit dem ich vorher zur Aufdeckung des Verbrechens angestachelt hatte.

Schon lange vor dieser Begebenheit hatte ich Bingo verschenkt, aber noch fühlte ich mich im Herzen als Besitzer, und diese unlösliche Kameradschaft zwischen Bingo und mir sollte sich bald bei einer anderen Gelegenheit überraschend auszahlen.

Gordon und Oliver waren Nachbarn und gute Freunde, sie hatten zusammen einen Vertrag übernommen, Holz zu schlagen und arbeiteten einträchtig miteinander bis spät in den Winter. Da verendete Olivers alte Mähre, und um möglichst

von diesem Verlust zu profitieren, schleifte er sie hinaus in die Prärie und streute vergiftete Köder für die Wölfe daneben aus. Der arme Bingo! Er konnte von seinen wölfischen Gewohnheiten nicht lassen, obwohl sie ihn schon oft ins Unglück gestürzt hatten.

Er war ein großer Freund von Pferdefleisch, wie alle Vertreter dieser wilden Rasse, und noch in derselben Nacht stattete er, in Begleitung von Wrights Hund Curley, dem Kadaver einen Besuch ab. Es schien, als ob Bingo in der Hauptsache nur die Wölfe ferngehalten und Curley sich voll gefressen hatte. In den Spuren im Schnee konnte man die ganze Geschichte des Festmahles lesen, von der Störung, als das Gift zu wirken begann und von dem rasenden Lauf Curleys heimwärts, der von wütenden Schmerzen gepeinigt, zu Gordons Füßen in Krämpfe verfiel und dann vollkommen gelähmt verendete.

»Sei meines Hundes Freund, und du bist auch der meine.« Keinerlei Aufklärungen und Entschuldigungen wurden angenommen, es war nutzlos zu behaupten, die ganze Sache sei unbeabsichtigt passiert; die langvergessene Feindschaft zwischen Bingo und Oliver warf ein bezeichnendes Licht auf die Begebenheit. Der Holzvertrag wurde gebrochen, alle freundschaftlichen Verbindungen gelöst, und noch bis heute besteht die bittere Feindschaft, die durch Curleys Todesschrei begonnen hatte.

Es währte Monate, bis Bingo sich vom Genuß des Giftes erholte, und wir glaubten sicher, daß er niemals wieder der starke, lustige Bingo von früher werden würde. Doch als der Frühling kam, fing er an, sich merklich zu erholen, und als das Gras wuchs, war er wieder bei vollster Gesundheit und Kraft, der Stolz seiner Freunde und der Quälgeist der Nachbarn.

7

Pflichten riefen mich weit weg von Manitoba, und bei meiner Rückkehr im Jahr 1886 war Bingo noch ein Mitglied von Wrights Haushalt. Ich glaubte, er würde mich nach zwei Jahren Abwesenheit vergessen haben, aber dem war nicht so. Eines Tages im Winter, nachdem er achtundvierzig Stunden vermißt gewesen war, kam er heimgekrochen mit einer Wolfsfalle und einem Holzklotz am Hinterlauf und die Pfote zu Stein gefroren. Niemand konnte sich ihm nähern, um ihm zu helfen, und als ich, für ihn jetzt ein Fremder, mich niederbeugte, mit einer Hand die Falle erfaßte und mit der anderen sein Bein, packte er mich wütend am Gelenk.

Noch waren seine spitzen Zähne nicht durch die Haut gedrungen, und ohne mich zu bewegen, sagte ich: »Aber Bingo, kennst du mich nicht mehr?« Sofort ließ er meine Hand los und zeigte keinen weiteren Widerstand, obwohl er während der Entfernung der Falle vor Schmerz heulte und winselte. Trotz des Wechsels seiner Heimat und trotz meiner langen Abwesenheit erkannte er mich als seinen Herrn und Gebieter an, und auch ich fühlte, obwohl ich ihn verkauft hatte, daß er immer noch *mein* Hund war.

Bingo wurde – zwar ganz gegen seinen Willen – ins Haus getragen und seine erfrorene Pfote aufgetaut. Den ganzen Winter hindurch lahmte er, und zwei Zehen der verletzten Pfote fielen ab. Doch vor dem Wiedereinsetzen der warmen Witterung hatte er seine volle Gesundheit zurückerlangt, und für einen Uneingeweihten trug er keine Merkmale von seiner furchtbaren Erfahrung mit der Stahlfalle.

8

Im selben Winter fing ich eine große Anzahl Wölfe und Füchse, die nicht dasselbe Glück hatten wie Bingo, und den unbarmherzigen Fallen nicht zu entrinnen vermochten. Ich ließ die Fallen draußen bis spät ins Frühjahr, denn die Fangprämien sind hoch, auch wenn der Pelzwert gering ist.

Kennedys Wiesen waren stets ein ergiebiger Jagdgrund, weil sie nicht von Menschen besucht wurden und zwischen dem Forst und der Ansiedlung lagen; hier war es, wo ich das meiste Glück hatte. Eines Tages spät im April ritt ich aus, auf eine meiner täglichen Rundtouren.

Die Wolfsfallen sind aus schwerem Stahl und haben zwei Federn, jede mit einer Schlagkraft von hundert Pfund. Vier werden zusammen ausgesetzt rund um einen vergrabenen Köder, und nachdem sie an verborgenen Holzklötzen befestigt sind, bedeckt man sie sorgfältig mit Laub und Sand, um sie vollkommen unsichtbar zu machen.

In einer solchen Falle hatte ich einen Präriewolf gefangen, und tötete ihn. Dann begann ich die Falle wieder zu spannen, wie ich es Hunderte von Male vorher getan hatte. Alles war schnell geschehen und da ich ein Häufchen feinen Sand daneben erblickte, griff ich hinüber, um mit einer Hand voll die Falle zu bedecken.

O, welch' ein unglückseliger Gedanke, welche Unvorsichtigkeit! Der Sand lag *auf der nächsten Wolfsfalle*, und einen Augenblick später war ich ein Gefangener. Zwar war ich unverletzt, denn die Fallen hatten keine Zähne, und mein dicker Handschuh schwächte den Schlag ab, aber ich war oberhalb des Knöchels fest erfaßt. Trotz des Schreckens versuchte ich den Schlüssel zum Öffnen der Fallen mit meinem rechten Fuß zu erreichen. Mich in voller Länge ausstreckend, arbeitete ich mich, mit dem Gesicht nach unten gekehrt, langsam darauf zu und machte meinen gefangenen Arm so lang und gerade wie möglich. Ich konnte mich nicht zur selben Zeit umsehen und nach dem Schlüssel greifen, aber ich rechnete mit dem Gefühl in meinen Zehen und hoffte, es sofort zu bemerken, wenn ich das kleine eiserne Werkzeug berühren würde. Mein erster Versuch mißlang, so stark ich auch an der Kette ziehen mochte, mein Fuß traf auf kein Metall. Dann versuchte ich es zum zweiten Mal, mich immer um meinen Anker drehend, doch alles umsonst. Ich entdeckte, daß ich viel zu weit weg geraten war, und so begann ich von neuem blindlings herumzutappen, in der Hoffnung, mit meinen Zehen auf den Schlüssel zu stoßen. Beim wilden Bewegen meines rechten Fußes vergaß ich vollkommen den linken, bis ein scharfes »Klick« die eisernen Klauen von Falle Nr. 3 über meinem linken Knöchel zuschnappen ließ.

Zuerst machte die entsetzliche Lage, in der ich mich befand, keinen sonderlichen Eindruck auf mich, aber bald wurde mir schrecklich klar, daß alle meine Arbeit loszukommen, vergeblich sein mußte. Ich konnte mich aus keiner der Fallen ohne Hilfe befreien oder sie auch nur bewegen, und so lag ich denn ausgestreckt und fest und sicher an den Erdboden gekettet.

Was sollte nun aus mir werden? Zwar bestand keine Gefahr zu erfrieren, denn das kalte Wetter war vorüber, aber Kennedys Grundstück wurde von keinem Menschen besucht, außer von den Holzfällern im Winter. Zu Hause wußte niemand, wohin ich gegangen war, und wenn ich mich nicht selbst befreien konnte, bestand keine andere Aussicht, als von den Wölfen zerrissen zu werden oder vor Kälte und Hunger elendiglich zu sterben.

Als ich so dalag, ging die Sonne blutigrot im Westen hinter dem Buschmoor unter und eine Heidelerche sang im nahen Busch ihr Abendlied, genau wie am Abend zuvor vor der Tür unseres Häuschens. Obwohl dumpfe Schmerzen in meinem

Arm in die Höhe krochen und ein eisiger Schüttelfrost mich erfaßte, bemerkte ich doch noch, wie lange die kleinen Federbü-
schel über den Ohren der Lerche waren. Dann wanderten meine Gedanken zum behaglichen Abendtisch in Wrights Haus,
und ich dachte, jetzt wird gebraten und gekocht und jetzt setzen sie sich nieder. Mein Pony stand dort, wo ich es verlassen
hatte, mit den Zügeln auf dem Erdboden und wartete gedul-
dig, um mich heimzutragen. Es verstand die lange Verzöge-
rung nicht, und als ich es rief, hörte es auf zu weiden und sah
mich hilflos fragend an. Wenn es doch heimliefe, der leere Sattel würde genug erzählen und sicher Hilfe senden. Doch seine
große Pflichttreue hielt es wartend Stunde für Stunde bei mir
zurück, während ich vor Kälte und Hunger verging.

Dann erinnerte ich mich, wie der alte Trapper Girou sich im
Wald verlaufen hatte und im folgenden Frühjahr seine Kame-
raden das Skelett fanden, mit den Knochen des Beines in einer
Bärenfalle eingeklemmt. Ich zerbrach mir den Kopf, welcher
Teil meiner Kleidung mich wohl erkennbar machen würde.
Dann kam mir ein neuer Gedanke. Dasselbe Gefühl hatte der
Wolf, wenn er in eine Falle getappt ist. O, für welches Elend
war ich schon verantwortlich! Nun mußte ich dafür büßen.

Die Nacht kroch langsam heran. Ein Präriewolf heulte, das
Pony spitzte die Ohren und kam näher an mich heran, seinen
Kopf schnaufend am Boden. Dann heulte ein zweiter Wolf und
noch einer, und ich konnte vernehmen, wie sie sich in der
Nähe zusammenscharten. Da lag ich nun, mit dem Antlitz am
Boden, hilflos und mich nur wundernd, daß die gierigen Besti-
en nicht gleich auf mich losstürzten und mich in Stücke rissen.
Lange hörte ich sie heulen, bevor ich bemerkte, daß undeutli-
che, schattenhafte Gestalten um mich herum huschten. Das
Pferd bemerkte sie, und sein entsetztes Schnarchen trieb sie
zuerst zurück, aber das nächste Mal kamen sie schon näher,
saßen um mich herum und gafften mich an. Bald wurden sie

frecher, krochen heran und rissen an dem Leichnam ihres toten Genossen. Ich schrie, und die Wölfe zogen sich knurrend
zurück, während das Pony entsetzt davonlief.

Wieder kamen sie zurück, und nach zwei oder drei derartigen Rückzügen und Angriffen zerrten sie den Leichnam davon und verschlangen ihn in wenigen Minuten.

Danach rückten sie wieder heran, umringten mich und
starrten mich frech an, und der Unverschämteste von ihnen
beroch mein Gewehr und bewarf es mit Schmutz. Zwar zog er
sich zurück, als ich mit meinem freien Fuß nach ihm stieß und
ihn anschrie, aber je schwächer ich wurde, desto frecher wurden die Bestien, und ihr Führer kam ganz nahe und fauchte
mir direkt ins Gesicht. Dann heulten auch die übrigen und
scharten sich dicht um mich, und ich wußte nun, daß das verhaßte Pack mich zerreißen und verschlingen würde, als plötzlich aus dem Dunkel mit heißerem Geheul ein großer,
schwarzer Wolf heraussprang. Die Räuber zerstoben wie
Spreu im Wind, ausgenommen ihr Führer, der von dem
Ankömmling gepackt wurde und in einigen Minuten als ver-
stümmelter Leichnam dalag. Und dann – Entsetzen packte
mich – das mächtige Ungetüm sprang auf mich los und – Bingo, mein treuer Bingo rieb atemlos seinen zottigen Kopf an
meiner Schulter und leckte mein eisiges Antlitz.

»Bingo – Bingo – alter Junge, hol' mir den Fallenschlüssel!«

Davon sprang er und kam zurück, mein Gewehr hinter sich
herzerrend, denn er wußte nur, daß ich irgend etwas haben
wollte.

»Nein, Bingo, den Fallenschlüssel!« Diesmal brachte er meine Säge, aber schließlich kam er mit dem Schlüssel und wedelte freudig mit dem Schwanz, als er sah, daß er diesmal das
Richtige erwischt hatte. Mit meiner freien Hand öffnete ich
mühsam die Schrauben, die Falle fiel auseinander, meine
Hand war frei, und eine Minute später war ich erlöst. Bingo

brachte das Pferd, und nachdem ich einige Male langsam auf und ab gegangen war, um das erstarrte Blut in den Adern wieder zum Zirkulieren zu bringen, war ich fähig, aufzusteigen. Dann ging es heimwärts, langsam zuerst, schließlich im Galopp, und Bingo sprang wie ein Herold bellend vor mir her. Als wir die Ansiedlung erreichten, erfuhr ich, daß der treue Hund sich am vorhergehenden Abend ganz auffällig benommen hatte; winselnd und heulend war er die Straße auf und ab gelaufen, und als schließlich die Dunkelheit kam, hatte er sich, allen Versuchen, ihn zurückzuhalten, zum Trotz davongemacht und war, geleitet von einem rätselhaften Instinkt, gerade im rechten Moment bei mir angelangt, um mich zu rächen und zu befreien.

»Treuer, alter Bingo – du warst ein verrückter Hund.« Obwohl er mich liebte, lief er am nächsten Tag an mir vorüber, ohne mir nur einen Blick zu schenken, aber folgte mit Feuereifer Wrights kleinem Sohn, der ihn zur Jagd mitrief. So blieb er bis ans Ende, und bis ans Ende führte er auch sein geliebtes, wölfisches Leben und konnte es nicht lassen, auf die Suche nach gefallenen Pferden zu gehen. So fand er auch eins mit einem vergifteten Köder, verschlang diesen wie ein Wolf, und als er die furchtbare Wirkung fühlte, machte er sich auf, nicht nach Hause, sondern um mich zu suchen, und erreichte die Tür der kleinen Hütte, wo er mich vermutete. Als ich am anderen Tag nach Hause kam, fand ich ihn tot im Schnee, mit dem Kopf auf der Schwelle der Tür – der Tür, vor der er seine Jugendtage verlebt hatte. Er war verendet – *mein* Hund bis zum letzten Atemzug – und es war meine Hilfe, die er gesucht, vergeblich gesucht hatte in der Stunde bitterer Todesschmerzen und Verzweiflung.

Silberfleck

Die Geschichte einer Krähe

1

Hat irgend jemand unter uns das geheime Leben und Treiben eines freien Waldbewohners wirklich kennengelernt? Ich meine damit nicht Tiere, die man ein- oder zweimal auf einsamen Spaziergängen trifft, oder gar eines, das man zu Hause im Käfig hält, sondern ich denke an solche, die man lange Zeit kennt während sie noch wild und frei sind, und in deren Leben und Entwicklung man einen tiefen Einblick erhalten hat. Für gewöhnlich liegt die Schwierigkeit einer so nahen Bekanntschaft darin, daß man ein Tier nicht von dem andern zu unterscheiden vermag; denn ein Fuchs oder eine Krähe sieht ihresgleichen ja so ähnlich, daß wir nicht mit Sicherheit behaupten können, einen alten Bekannten anzutreffen, wenn wir sie wieder einmal zu Gesicht bekommen. Von Zeit zu Zeit jedoch erhebt sich ein Geschöpf, das stärker und klüger ist als seine Gefährten, über diese empor und wird zum gewaltigen Tyrannen; es ist, möchte man sagen, ein Genie, und wenn es sich durch seine Gestalt auszeichnet oder irgendein besonderes Merkmal trägt, wodurch es sich von den anderen unterscheidet, wird es leicht berühmt oder berüchtigt im ganzen Land.

Zu dieser Spezies gehörte Courtrand, der Wolf, der die Stadt Paris zu Beginn des vierzehnten Jahrhunderts zehn Jahre lang in Angst und Schrecken versetzte, Clubfoot, der lahme Grizzlybär, dessen man sich mit Grauen noch heute im San-Joaquin-Tal in Kalifornien erinnert; Lobo, der König aller Wölfe von Neu-Mexiko, der fünf Jahre lang jeden Tag ein Rind mordete, und der Soehnee-Panther, dem in weniger als zwei Jahren nahezu dreihundert Menschen zum Opfer fielen, und dazu rechnet sich auch Silberfleck, dessen Geschichte ich jetzt kurz erzählen will.

Silberfleck war ein alter, weiser Krähenvater, er trug seinen Beinamen wegen eines silberweißen Flecks von der Größe eines Pfennigs, der sich auf der rechten Seite gerade zwischen Auge und Schnabel befand. Nur diesem Fleck verdanke ich es, daß ich ihn von den übrigen Krähen mit Leichtigkeit unterscheiden konnte und mir sein Schicksal bekannt wurde.

Krähen sind wie bekannt hochintelligente Vögel – »Weise wie eine alte Krähe«, wurde nicht ohne Grund zur landläufigen Redensart. Sie sind immer auf der Wache, leben immer auf Kriegsfuß, und ihr Leben und ihre Sicherheit hängen davon ab, wie gut die Krähenschar im Inneren organisiert ist. Ihre Führer sind gewöhnlich nicht nur die ältesten und klügsten der Bande, sondern auch die stärksten und tapfersten.

Der alte Silberfleck war »kommandierender General« einer »Krähenarmee«, deren Hauptquartier in der Nähe von Toronto, in Kanada bei Castle Frank, auf einem fichtenbewachsenen Hügel an der Nordostseite der Stadt lag. Die Meute zählte ungefähr hundert und schien sich aus Gründen, die ich niemals erfuhr, nicht zu vermehren. War der Winter mild, hausten sie am Niagarafluß, während sie in kalten Wintern bedeutend weiter nach Süden zogen. Jedes Jahr in der letzten Woche des Februars musterte Silberfleck seine Truppe und überflog kühn die 60 Kilometer offenen Wassers zwischen Toronto und Niagara, und zwar flog er nicht in einer geraden Linie, sondern hielt regelmäßig eine Route in Richtung Westen ein, wobei er in Sichtweite zum ihm bekannten Dundas-Berg blieb, bis das Reiseziel, der fichtenbewachsene Hügel von Castle Frank, in der Ferne auftauchte. Jedes Jahr kam er mit seiner Armee und

hielt sich ungefähr sechs Wochen lang dort auf. Am Morgen machten sich die Krähen in drei Abteilungen auf den Weg, die eine Gruppe südöstlich Richtung Aschbridge-Bai, die zweite nördlich den Don hinauf und die dritte und stärkste nordwestlich das Tal entlang. Diese letzte Gruppe leitete Silberfleck persönlich; wer die anderen führte, habe ich niemals erfahren.

An windstillen Morgen flogen sie stets hoch oben in den Lüften in gerader Richtung davon; wenn es dagegen windig war, hielt sich die Schar niedrig und folgte dem schützenden Taleinschnitt. Von meinem Fenster aus konnte ich die ganze Schlucht übersehen, und so kam es, daß ich im Jahre 1885 die alte Krähe zum ersten Mal bemerkte. Ich war noch unbekannt in der Nachbarschaft, aber ein alter Bewohner erzählte mir, daß der gewaltige Krähenherrscher sich schon länger als zwanzig Jahre im Tal herumtrieb. Die günstigste Gelegenheit, ihn zu beobachten, bot sich in der Bergschlucht, und da Silberfleck seine alte Wegrichtung wie gewohnt einhielt, obwohl die Hügel jetzt mit Häusern bebaut sind und der Taleinschnitt mit Brücken überspannt ist, konnte ich ihn bald zu meinen näheren Bekannten zählen. Zweimal am Tag, im März und April und dann wieder im Spätsommer und Herbst, passierte er auf dem Hin- und Herweg meinen Beobachtungsposten, ließ mich seine Bewegungen genau beobachten, seine Kommandos vernehmen und öffnete mir auf diese Weise nach und nach die Augen. Ich kam zu der Überzeugung, daß die Krähen, obschon ein kleines unbeachtetes Häuflein, höchste Intelligenz besitzen und einen Stamm bilden, mit einer Sprache und sozialen Einrichtungen, die denen der Menschen im wesentlichen ähneln und in vielen Einzelheiten sogar gewissenhafter gehandhabt werden.

An einem windigen Tag stand ich auf der hohen Brücke, als Silberfleck an der Spitze seiner langgestreckt und zerstreut fliegenden Truppen eben heimwärts zog. Einen knappen Kilometer weit vor mir konnte ich das zufriedene »Alles sicher, nur immer vorwärts«, wie wir es ausdrücken würden, oder

Nr. 1

Caw   Caw

wie er es ausdrückte, hören und wie es sein Leutnant für die Nachzügler wiederholte. Die flogen beträchtlich tiefer als sonst, um nicht vom Wind erfaßt zu werden und mußten sich etwas erheben, um über die Brücke hinwegzustreichen, wo ich stand. Silberfleck entdeckte mich dort, und mich einige Sekunden scharf beobachtend, hielt er im Fluge inne, da ich ihm nicht ganz geheuer schien. Seinen Gefährten schien er zuzurufen: »Seid auf der Hut«, und er erhob sich, gehorsam von den

Nr. 2

Caw

Seinen gefolgt, hoch in die Luft. Dann, als er sah, daß ich unbewaffnet war, flog er etwa siebzig Fuß über meinen Kopf hinweg, und auch die anderen ließen sich wieder in die alte Fluglinie herabsinken, als sie die Brücke passiert hatten.

Am darauffolgenden Tag befand ich mich am selben Platz, und als die Krähen sich näherten, erhob ich meinen Spazierstock und drohte ihnen. Der alte Schlaukopf krähte, dies sofort bemerkend: »Gefahr«, und erhob sich 50 Fuß höher als am Tag zuvor. Da er jedoch sah, daß ich keine Feuerwaffe trug, flog er keck über mich hinweg. Am dritten Tag jedoch nahm ich ein

Nr. 3

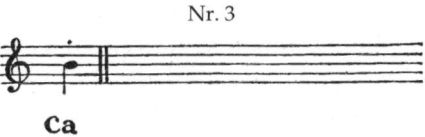

Ca

Gewehr mit, und diesmal rief er: »Höchste Gefahr, ein Gewehr!« Sein Leutnant gab den Ruf weiter, und das ganze Regi-

Nr. 4

ca ca ca ca **Caw**

mant stieg hoch in die Lüfte und zerstreute sich, bis es weit
außer Schußweite war. Dann flogen sie in Sicherheit über mich
hinweg und ließen sich wieder in das schützende Tal herab,
sobald sie in gebührender Entfernung waren. Ein andermal,
als sie in wippendem Fluge die Schlucht herabkamen, ließ sich
ein Habicht dicht an ihrem gewohnten Weg nieder. Der Führer
rief: »Habicht«, und hielt im Fluge inne, und jede folgende

Nr. 5

Caw   **Caw**

Krähe tat dasselbe, sobald sie an ihren Vordermann herankam,
bis sie alle zu einer geschickten Kampfordnung vereinigt waren. Dann flogen sie ohne Furcht vor dem Habicht weiter. Einen halben Kilometer weiter unten jedoch erschien ein Mann
mit einem Gewehr, und der Ruf »Höchste Gefahr, ein Gewehr,

Nr. 6

ca ca ca ca **Caw**

ein Gewehr, zerstreut euch« ließ sie hoch auf- und weit auseinander fliegen, bis sie außer Schußweite waren. Bei längerer Bekanntschaft lernte ich nach und nach viele andere seiner Kommandorufe kennen und verstehen und fand, daß zuweilen eine ganz unbedeutende Veränderung der Laute eine ungemein wichtige Änderung der Bedeutung zur Folge hatte. So z. B. bedeutet Nr. 5 »Habicht« oder irgend einen großen, gefährlichen Raubvogel, während Nr. 7 »Kehrt« bedeutet, au-

Nr. 7

genscheinlich eine Verbindung von Nr. 5, dessen Grundidee Gefahr und Nr. 4, dessen Sinn Rückzug ist. Das nächste wieder ist ein einfaches »Guten Tag«,

Nr. 8

während Nr. 9 gewöhnlich an die gewöhnlichen Soldaten gerichtet wird und »Achtung« bedeutet.

Nr. 9

Früh im April schien etwas Großes unter den Krähen vorzugehen, irgend etwas höchst Aufregendes und Wichtiges mußte sich ereignet haben. Den halben Tag lang trieben sie sich zwischen den Fichten umher, anstatt wie sonst von Sonnenaufgang bis Untergang auf Nahrungssuche zu gehen. Zu weit und zu dritt konnte man sie herumjagen und von Zeit zu

Zeit die verwegensten Flugkunststückchen vollbringen sehen. Es war ein besonderer Lieblingssport einiger, aus der blauen Höhe plötzlich herabzuschießen auf irgendeine friedlich ruhende Krähe, und gerade, ehe sie dieselbe berührten, zu wenden und den Flug zurück in die Luft zu nehmen, wobei die Flügel des Sturzpiloten ein Geräusch verursachten, wie entfernter Donner. Oft auch neigte eine Krähe den Kopf, blies die Federn auf, daß sie wie ein Igel aussah und einer anderen sich nähernd, gurgelte sie ihr einen langgezogenen Ton entgegen, der klang wie

Nr. 10

Was dies alles zu bedeuten hatte, sollte ich bald erfahren. Die Krähen machten sich Liebeserklärungen und begannen sich zu paaren, die Männchen bewiesen den Damen ihrer Wahl ihre Flügelkräfte und ihre Geschicklichkeit und ließen ihre Stimmen gar lieblich und berückend erschallen. Und der Erfolg ihrer Bemühungen konnte nicht ausgeblieben sein, denn Mitte April zogen sie alle auf die Hochzeitsreise, zerstreuten sich über die ganze Gegend, und die düsteren alten Fichten von Castle Frank blieben verlassen und einsam zurück.

Der Zuckerhut-Hügel steht allein im Dontal,
bedeckt mit Waldungen, die sich mit denen von
Castle Frank vereinigen. Mitten in diesen Forsten steht ein Fichtenbaum, in dessen Gipfel
ein verlassener Habichtshorst hängt. Jeder
Schuljunge von Toronto kennt dieses Nest,
aber weder ich noch irgend jemand anderes hatte je
ein lebendes Wesen darin gesehen, ausgenommen einmal, als ich ein schwarzes Eichhorn vom
Rand herunterschoß. Hoch oben hing das Nest, jahr-
aus, jahrein, alt und struppig, und schien nur auf einen tüchtigen Sturm zu warten, der es vollkommen
herunterreißen sollte. Doch erstaunlicherweise löste es
sich nicht in seine Einzelteile auf.

Eines Morgens im Mai ging ich früh beim Morgengrauen aus und schlüpfte geräuschlos durch den Wald,
dessen welke Blätter noch zu feucht waren, um zu rascheln. Zufällig kam ich am alten Nest vorüber und war
überrascht, einen schwarzen Schwanz über den Rand
hinausgucken zu sehen. Ich gab dem Baum einen tüchtigen Schlag und auf flog eine Krähe. Das Rätsel war
gelöst. Lange hatte ich den Verdacht gehegt, daß ein
Krähenpaar jedes Jahr zwischen den Fichten nistete, und
nun entdeckte ich, daß es Silberfleck mit seiner Gattin
war. Das alte Nest war ihre Hochburg, und sie waren zu
klug, ihr durch Frühjahrsputz und unnötige Reparaturen
ein freundliches Aussehen zu verleihen. Hier hatten sie
schon lange Jahre gehaust, obwohl gefährliche Feuerwaffen in den Händen von Jägern und Jungen, die leidenschaftlich der Krähenjagd nachgingen, tagtäglich unter
ihrer Wohnung vorüberkamen. Nach dieser Entdeckung

störte ich den alten Gesellen nicht zum zweiten Mal, aber ich beobachtete ihn oft durch mein Fernrohr.

Eines Tages bekam ich eine Krähe zu Gesicht, die mit etwas Weißem im Schnabel das Tal kreuzte. Sie flog in Richtung Rosedale-Bach und landete bei einer hohen Ulme. Dort ließ sie einen blanken Gegenstand fallen, und als sie sich darauf schnell und vorsichtig umsah, erkannte ich sie als meinen alten Freund Silberfleck wieder. Nach einer Weile nahm er das weiße Ding – eine Muschelschale – wieder auf und lief gravitätisch zur Quelle hinüber, die mit Sauerampfer und großblättrigen Sumpfgewächsen überwuchert war. Dort machte er sich eifrig an die Arbeit, einen Haufen von Muscheln und anderen glänzenden Gegenständen hervorzuwühlen. Er breitete sie in der Sonne aus, drehte sie von einer Seite auf die andere, hob sie der Reihe nach auf, ließ sie wieder fallen, behandelte sie aber dabei wie rohe Eier und wühlte mit gierigen Augen darin, wie ein alter Geizhals in seinen Schätzen. Dies war sein Steckenpferd, seine einzige Schwäche. Hätte man ihn gefragt, er hätte kaum eine Erklärung geben können, *warum* er es tat, ebensowenig wie ein Schuljunge weiß, warum er Briefmarken sammelt, oder ein Mädchen erklären kann, warum sie Perlen Rubinen vorzieht. Nach einer halben Stunde harmlosen Spielens mit seinem Schatz bedeckte er alles, auch den neuen Zuwachs der Sammlung, sorgfältigst mit Blättern und Erde und flog davon. Sofort ging ich nach dem Fleck und machte Ausgrabungen. Da fand ich denn einen ganzen Haufen weißer Kieselsteine, glänzender Muscheln, Zinkstückchen und mitten darunter den Henkel einer kostbaren Porzellantasse, der gewiß das Glanzstück der Sammlung war. An diesem Tage sah ich sie zum letzten Mal; Silberfleck wußte, daß jemand seine Schätze gefunden hatte und entfernte sie sofort, wohin er sie brachte, weiß ich bis heute nicht.

In den Monaten, die ich ihn so genau beobachten konnte, hatte er viele kleine Abenteuer, und entrann dem Tod nur mit knapper Not. Einmal wurde er von einem Sperber böse zugerichtet und oft von Raubvögeln verfolgt. Sie konnten ihm zwar nichts zuleide tun, aber sie machten einen derartigen Lärm um ihn herum, daß er sie so gut er konnte mied, gerade wie ein erwachsener, vernünftiger Mann einem Zusammenstoß mit einem lärmenden, unverschämten Lausbuben aus dem Wege geht. Aber auch Silberfleck hatte leider einige grausame Vorlieben. An jedem Morgen pflegte er die Runde durch die Nester der kleinen Vögel der Nachbarschaft zu machen und den ängstlich flatternden und piepsenden Müttern die frischgelegten Eier vor der Nase wegzuessen. Dieser schlimmen Gewohnheit ging er mit der Regelmäßigkeit eines Doktors nach, der seine Patienten besucht. Aber wir dürfen ihn deshalb nicht verurteilen, denn wir selbst machen es ja nicht anders mit den Hennen im Hühnerstall.

Oft bewies er eine geradezu verblüffende Geistesgegenwart und Schlauheit. So beobachtete ich ihn einmal das Tal entlang fliegend mit einem großen Stück Brot im Schnabel. Der Bach auf der Talsohle wurde gerade damals wie eine Schleuse übermauert, und es waren ungefähr siebenhundert Meter vollendet. Als Silberfleck über das noch offene Wasser vor dem Eingang an den Tunnel hinwegflog, verlor er das Brot aus dem Schnabel, das, von der Strömung mitgerissen, sofort im Tunnel verschwand. Er ließ sich herab und lugte vergebens in das tiefe Dunkel hinein, doch dann wurde er von einem plötzlichen Gedanken erfaßt. Er flog stromabwärts zum Ende des Tunnels und erwartete das Auftauchen des treibenden Brotes. Als es die Strömung ans Tageslicht brachte, packte er es und trug es im Triumph davon.

Silberfleck war eine Krähe von Welt, sein Leben war ein an Erfolgen reiches, und er lebte in einer Gegend, die, obwohl voll von Gefahren, Nahrungsmittel in Fülle bot. Jedes Jahr wuchs in seinem alten, verwitterten Nest eine junge, kräftige Brut heran, und dort verlebte er glückliche Zeiten mit seiner Gattin, die ich leider von den anderen Krähen nicht zu unterscheiden vermochte. Und wenn dann die Krähen sich wieder versammelten, wurde er stets einstimmig zum unbeschränkten Führer und Herrscher gewählt.

Die große Versammlung findet ungefähr Ende Juni statt – die jungen Krähen mit ihren kurzen Schwingen, ihren flaumigen Flügeln und ihren Falsettstimmen werden dann mit Stolz von den Eltern präsentiert. Im alten Fichtenholz finden sie lustige, sichere Schlupfwinkel in reicher Zahl, und hier beginnt ihre Erziehung, und all die wichtigen Geheimnisse und Regeln des Krähenlebens werden ihnen beigebracht. Und diese sind von größter Wichtigkeit, denn ein einziger Mißerfolg im Krähenleben bedeutet – Tod.

Die ersten zwei Wochen nach der Ankunft werden die Jungen sich selbst überlassen, um miteinander bekannt zu werden, denn jede Krähe muß alle anderen, die zur Schar gehören, persönlich kennen. Ihre Eltern ruhen sich inzwischen etwas aus von der Arbeit, die ihnen das Aufziehen und Großfüttern ihrer Kinder bereitet hat, denn diese können jetzt ihre Nahrung selbst suchen und unbehütet in einer Linie aufgereiht auf einem Ast sitzen wie die Alten.

In einer Woche oder zwei beginnt dann die Zeit der Mauser. Die Alten sind während dieser Periode meistens recht unberechenbar und nervös, aber dies hält sie nicht davon ab, mit der Erziehung der Jungen zu beginnen. Diese sind natürlich nicht besonders entzückt von den Strafpredigten und Maßregelungen, die sie über sich ergehen lassen müssen, nachdem sie bis dahin noch Mamas Lieblinge waren. Aber es

geschieht alles nur zu ihrem Besten, wie die alte Dame sagte, als sie einen Aal abzog, und Meister Silberfleck ist ein ausgezeichneter Lehrer. Zuweilen scheint er einen ausführlichen Vortrag an sie zu richten; was er sagt, kann ich leider nicht verstehen, aber von dem durchschlagenden Erfolg und dem Eindruck, den er auf seine Zuhörer macht, zu schließen, muß er äußerst witzig sein. Jeden Morgen sind Flugübungen, und die Jungen üben in zwei oder drei Abteilungen, nach Alter und Stärke geordnet. Den Rest des Tages tummeln sie sich mit den Eltern auf der Futtersuche herum.

Wenn später der September anbricht, geht eine große Veränderung mit ihnen vor. Der Schwarm der albernen, kleinen Krähen fängt an besonnen zu werden, und das zarte Blau der Iris ihrer Kinderaugen macht dem Dunkelbraun des Auges eines alten, gewieften Erwachsenen Platz. Sie sind jetzt tadellos unterrichtet und können Wache schieben, sie wissen, was ein Gewehr ist und haben einen erfolgreichen Spezialkursus in Insektenkunde und Botanik hinter sich. Sie wissen ganz genau,  daß eine dicke, alte Bauernfrau, wenn auch massiger und größer, bei weitem harmloser ist, als ihr 15 Jahre alter Tunichtgut von Sohn, und sie können einen Knaben von einem Mädchen unterscheiden. Auch ist ihnen bekannt, daß ein Regenschirm keine Feuerwaffe ist, und sie können schon bis sechs zählen, gewiß nicht übel für junge Krähen, obwohl Silberfleck die Zahlen fast bis dreißig meistert. Sie kennen den Geruch von Schießpulver und die Tollkirsche und fangen bereits an, sich auf ihre Weltweisheit etwas zugute zu halten. Auch legen sie ihre Flügel stets dreimal zusammen nach dem Niedersetzen, um sicher zu sein, daß es sorgfältig geschehen ist. Sie wissen, wie man einen Fuchs einschüchtert, damit er die Hälfte seiner Beute aufgibt, und daß es das Beste ist, sich in den nächsten Busch zu stürzen, wenn ein Raubvogel oder eine Schar anderer Sänger des Waldes sie angreift; denn es ist ebenso unmöglich für sie, diese kleinen Quälgeister zu bekämpfen, wie für die dicke Apfelpflückerin, die kleinen, frechen Jungen einzufangen, die ihre Körbe geplündert haben. In allen diesen Dingen sind die jungen Krähen schon bewandert; nur fehlt ihnen noch die Unterweisung im Eiersammeln, denn dafür ist jetzt nicht die Jahreszeit. Auch Muscheln kennen Sie jetzt noch nicht, das Getreide wachsen haben sie ebensowenig gesehen, und der bedeutendste Teil der Erziehung, das Reisen, ist ihnen bis dato unbekannt geblieben. Vor zwei Monaten haben sie noch gar nicht an die Möglichkeit des Vorhandenseins einer anderen Gegend als der lieben Heimat gedacht, aber seitdem ist ihnen zuweilen der Gedanke daran gekommen; jedoch sie haben zu warten gelernt, bis ihre Führer reisefertig sind.

Auch mit den alten Krähen ist im September eine wichtige Veränderung vorgegangen – sie haben sich gemausert. Doch jetzt prangen sie wieder in voller Federpracht und sind stolz auf ihre neuen, kleidsamen Röcke. Ihre Gesundheit ist vorzüglich und damit auch ihre Laune besser. Selbst Alt-Silberfleck, der eiserne Lehrmeister, wird beinahe lustig, und seine Schüler, die ihn schon seit langem achteten, fangen an, ihn wirklich zu lieben und zu verehren.

All die langen Wochen hat er sie in harter Schule gehabt, ihnen alle gebräuchlichen Signale und Kommandoworte gelehrt, und jetzt ist es geradezu eine Lust, sie am frühen Morgen bei ihren Übungen zu beobachten.

»*Erste Kompagnie*« ruft der alte General auf Krähisch, und die Kompagnie antwortet mit lautem Geschrei.

»*Fliegt*« und mit dem Führer an der Spitze fliegen sie in gerader Linie davon.

»*Steigt*« und im Augenblick wenden sie sich kerzengerade aufwärts.

»*Zusammen*« und alle bilden eine undurchdringliche, schwarze Masse.

»*Schwärmt*« und sie zerstreuen sich wie welke Blätter im Wind.

»*Formiert Linie*« und sie denen sich wieder aus zur langen Linie ihrer gewöhnlichen Flugordnung.

»*Nieder*« und alle lassen sich fast bis zum Erdboden herab.

Ein oder zwei Minuten später ruft Silberfleck »*Ein Mann mit einem Gewehr!*« Die Wachtposten wiederholen den Ruf, und die ganze Kompagnie rettet sich in die Bäume. Einmal dort in Sicherheit, formieren sie sich in Flugordnung und kehren zu den heimatlichen Fichten zurück.

Der Vorpostendienst wird nicht der Reihe nach von allen Krähen bezogen, sondern eine gewisse Anzahl, deren Wachsamkeit oft erprobt ist, bilden regelmäßig die Sicherheitsposten, und man sieht es als selbstverständlich an, daß sie zu gleicher Zeit wachen und Futter suchen. Dies erscheint uns etwas hart, aber es macht sich ganz gut, und die Krähenorganisation ist anerkanntermaßen die beste unter allen Vögeln.

Im November endlich kann man sie südwärts ziehen sehen, um neue Lebensräume, unbekannte Gegenden und fremdes Futter kennenzulernen, und alles dies unter der umsichtigen Leitung des weisen Silberfleck.

3

Nur zu einer Zeit benimmt sich die Krähe dumm und töricht, das ist in der Nacht, und nur ein Vogel vermag sie in lähmende Todesangst zu versetzen, das ist die Eule. Deshalb hat, wenn diese zwei zusammentreffen, die Eule leichtes Spiel. Ertönt der ferne Eulenschrei nach Eintreten der Dunkelheit, so ziehen die verängstigten Krähen die Köpfe unter den Flügeln hervor und warten zitternd und elend bis zum Morgengrauen. Bei sehr kaltem Wetter hat das bisweilen zur Folge, daß eine Krähe ein oder beide Augen erfrieren, und Blindheit und Tod ist dann das Ende, denn Krankenhäuser für kranke Krähen gibt es noch nicht.

Doch mit dem dämmernden Morgen kehrt auch ihre Tapferkeit zurück, und sich aufraffend durchstöbern sie die umliegenden Wälder, bis der nächtliche Ruhestörer gefunden ist, und wenn sie der Eule nicht den Garaus machen, ängstigen sie sie halb zu Tode und jagen sie mindestens 30 Kilometer davon.

Im Jahre 1893 waren die Krähen wie gewöhnlich in Castle Frank erschienen. Einige Tage nach ihrer Ankunft machte ich einen Spaziergang durch den Wald und stieß zufällig auf die Spur eines Hasen, der in rasendem Tempo durch den Schnee gerannt war und dessen verzweifelte Seitensprünge bewiesen, daß er verfolgt wurde. Doch sonderbar, die Spur des Verfolgers war nicht zu finden. Ich ging der Fährte nach und traf bald auf einen Tropfen Blut im Schnee, und einige Schritte weiter fand ich die halb verzehrten Überreste eines armen kleinen Häschens. Wer der Mörder war, blieb mir ein Rätsel, bis ich bei sorgfältiger Untersuchung einen großen doppelzehigen Eindruck im Schnee und eine wunderbar gezeichnete braune Feder fand. Nun war mir alles klar – *eine Steineule.*

Eine halbe Stunde später kam ich wieder am selben Fleck vorüber und entdeckte auf einem Baum, kaum zehn Schritte von den Knochen ihres Opfers entfernt, die augenrollende Eule. Die Mörderin konnte sich vom Schauplatz ihres Verbrechens nicht trennen, und die unbedeutenden Beweisstücke, die Feder und der Eindruck im Schnee, hatten nicht gelogen. Bei meiner Annäherung ließ sie ein gutturales »Grrr – ooh« hören und flog mit langsamen, fauchenden Flügelschlägen den fernen, düsteren Forsten zu.

Zwei Tage später beim Morgengrauen war eine ungewöhnliche Aufregung unter den Krähen bemerkbar, und als ich losging, um die Ursache zu ergründen, sah ich einige schwarze Federn über den Schnee flattern. Ich ging dem Wind entgegen

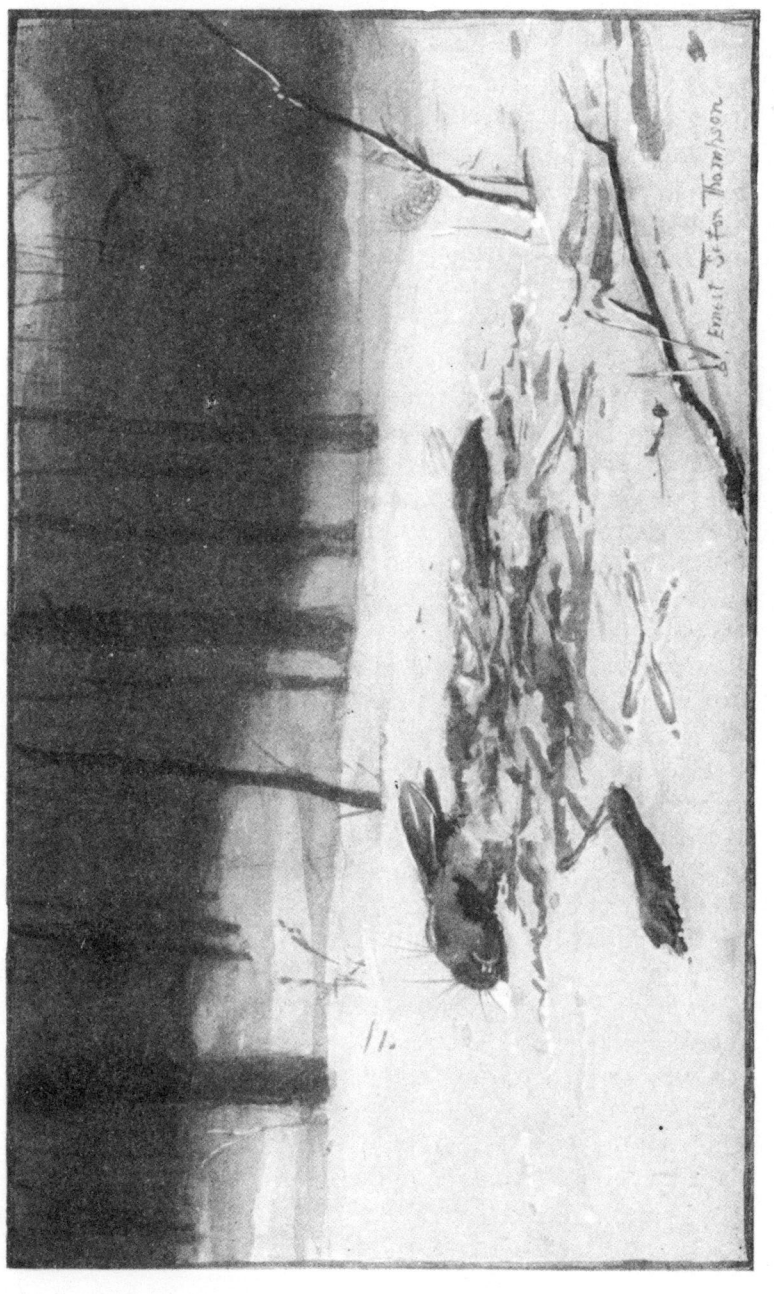

Ernest Seton Thompson

in die Richtung, aus der die Federn kamen und stand bald vor den blutigen Überresten einer Krähe, und daneben verriet wieder die große Doppelspur die Mörderin – die Eule. Im Umkreis konnte man alle Anzeichen eines heftigen Kampfes erkennen, aber die Hasenverfolgerin war die stärkere gewesen, und die arme Krähe war von ihrem sicheren Zweig herabgerissen worden, als das Dunkel der Nacht ihr keine Möglichkeit zur Flucht oder Verteidigung bot.

Ich wendete den Leichnam auf die andere Seite und brachte dabei zufällig den Kopf zum Vorschein – ein Ausruf tiefsten Mitleids entfuhr mir. Es war Silberflecks kluges Köpfchen. Sein langes, arbeitsreiches Dasein war beendet – und er dahingemordet von derselben Eule, gegen die er seinen Schülern Hunderte von Schutzmaßregeln beigebracht hatte.

Das alte Nest am Zuckerhut ist nun vollkommen verlassen und zerfallen. Die Krähen kommen im Frühjahr zwar noch nach Castle Frank, aber ohne ihren berühmten General, ihre Zahl schwindet und bald wird man sie zwischen den alten Fichten, wo sie und ihre Ahnen seit Jahrzehnten gelebt, gelernt und geliebt haben, vergebens suchen.

Zottelohr

Die Geschichte eines Hasen

Zottelohr oder Zottel war der Name eines jungen Häschens. Es verdankte diesen Spitznamen einem aufgerissenen Löffel, den es aus seinem ersten Abenteuer davontrug. Zottelohr lebte mit seiner Mutter in Olifants Moor, wo auch ich die Ehre ihrer Bekanntschaft hatte und hundert kleine Abenteuer und interessante Begebenheiten aus ihrem Leben zusammentrug, die ich schließlich in diesen Blättern niederlegte.

Menschen, die das freie, ungebundene Leben der Tiere nicht kennen, werden mir vorwerfen, ich hätte ihnen zu viel Menschliches angedichtet; andere jedoch, die mitten in der Tierwelt leben und infolgedessen mit den Gewohnheiten und dem oft verblüffenden Instinkt vertraut sind, werden mir gewiß Glauben schenken.

Die Hasen besitzen natürlich keine Sprache, die wir Menschen verstehen, aber sie können ihre Ideen durch ein System von Lauten, Zeichen, Bewegungen der Schnurrhaare und Gebärden mitteilen und damit das Reden vollkommen ersetzen. Obschon ich diese Geschichte frei aus der Hasensprache ins Deutsche übertrage, wiederhole ich nichts, was ich nicht Angehörigen der großen Sippe Hase wirklich abgelauscht hätte.

1

Das rauschende Schiff am Teichesrand neigte sich und verbarg das warme Nest, wo Zottelohrs Mutter ihr einziges Kind versteckt hielt. Sie deckte ihn mit zarten Grashalmen warm zu, und ihr letzter mütterlicher Rat war wie immer: »Bleib still liegen und halte den Mund, mag kommen, was da will.« Zottelohr, obwohl im warmen Bettchen, dachte natürlich nicht ans Schlafen, und mit seinen klugen Äuglein musterte er das Stück seiner kleinen, grünen Welt, das sich über ihm auftat. Dort oben beschimpften sich eine Elster und ein Eichkätzchen gegenseitig als Diebe, und einmal war Zottels Heimatbusch sogar der Mittelpunkt eines hitzigen Kampfes. Eine Goldammer erwischte einen blauen Schmetterling kaum sechs Zoll vor seiner Nase, und ein purpurrot und schwarz getüpfelter Marienkäfer machte einen langen Spaziergang einen Grashalm hinauf, einen anderen hinab, quer durch das Nest und gerade über Zottels Nase. Doch Zottelohr rührte sich nicht und verkniff es sich sogar, zu blinzeln oder zu niesen.

Nach einer Weile hörte er ein fremdartiges Rascheln im Laub des nahen Dickichts, ein eintöniges, ununterbrochenes Rauschen, und obwohl er es bald hier, bald dort vernahm, es kam näher und näher, aber Tritte waren es nicht. Zottel hatte sein ganzes Leben (er war damals drei Wochen alt) im Moor zugebracht, und dennoch hatte er niemals etwas Derartiges gehört. Seine Neugier war natürlich aufs höchste gespannt. Die Mutter hatte ihm zwar befohlen, still liegen zu bleiben, aber nur im Falle einer Gefahr, und dieses fremdartige Geräusch ohne vernehmbare Tritte konnte gewiß nichts Gefährliches bedeuten.

Das leise Rascheln ging dicht an ihm vorüber, dann nach rechts, dann wieder zurück und schien sich schließlich zu entfernen. Zottel wußte sofort, was zu tun ist, denn er war ja kein Baby, es war seine Pflicht als Hase zu erfahren, was es da gab. Er erhob langsam seinen weichen, rundlichen Körper auf den flaumbedeckten, kurzen Beinchen, schob den dicken Kopf über die schützende Wand des Nestes und lugte neugierig hinaus in den Wald. Da er nichts Besonderes entdecken konnte, machte er einen Schritt vorwärts und – befand sich Auge in Auge mit einer ungeheuren, schwarzen Schlange.

»Mama«, kreischte Zottelohr in tödlichem Entsetzen, als das Ungeheuer auf ihn zuschoß. Mit der ganzen Kraft seiner schwachen Beinchen versuchte er zu laufen. Aber wie der Blitz hatte ihn die Schlange am Ohr und wickelte sich gierig um das hilflose kleine Häschen, das sie sich zum Mittagsmahl auserkoren hatte.

»Mama, Mama«, keuchte der arme Kleine, als das grausame Ungetüm begann, ihn langsam zu Tode zu würgen. Bald, gar bald würde des Kleinen Schrei verstummt sein, aber da kam Hilfe in der Not; mit langen, atemlosen Sätzen kam durch den Wald – die Mutter. Nicht länger mehr eine scheue, furchtsame Häsin, stets bereit auch vor einem Schatten davonzulaufen – die Mutterliebe war in ihr erwacht. Der Hilfeschrei ihres Einzigen hatte sie mit der Tapferkeit einer Heldin erfüllt, und – hopp, setzte sie über den ekelhaften Wurm. Beim Sprung schlug sie mit ihren starken, scharfbewaffneten Hinterläufen kräftig aus und versetzte der Schlange einen solchen Schlag, daß sie sich vor Schmerzen krümmte und vor Wut zischte.

»Mama«, wimmerte ganz schwach ihr Kleinod. Und die Mutter wiederholte ihre Sprünge wieder und wieder und schlug heftiger und ungestümer bei jedem Satz, bis das abscheuliche Gewürm Zottels Ohr losließ und nach der Alten schnappte, aber alles, was es erwischen konnte, war ein Flöckchen Wolle. Der Häsin sausende Hiebe fingen an, ihre Wirkung zu zeigen, denn lange blutige Striemen waren in den Panzer des schwarzen Ungetüms gerissen.

Die Sache begann der Schlange ungemütlich zu werden, und während sie sich für den nächsten Angriff vorbereitete, lockerte sich der eiserne Griff, mit dem sie das kleine Häschen umklammerte, das sich sofort aus der furchtbaren Umschlingung herauswickelte und im Niederholz verschwand, außer Atem und zu Tode entsetzt, aber unversehrt bis auf sein linkes Ohr, das vom scharfen Zahn arg zerfetzt war.

Die Mutter hatte nun alles erreicht, was sie wollte. Sie fühlte keine Neigung, um Ruhm oder Rache zu kämpfen, so verschwand auch sie im Wald, und das befreite Häschen folgte ihrer weißen Blume, wie einem Leuchtturm, bis sie in einer sicheren Ecke des Moores angelangt waren.

2

Alt-Olifants Moor war ein unwirtlicher, dornenreicher Waldzug, mit einem morastigen Teich und von einem Fluß durchquert. Ein paar alte Veteranen des Hochwaldes waren noch stehen geblieben, und einige noch ältere Baumstümpfe lagen im Unterholz umher wie Leichensteine. Die Gegend um den Teich herum war von der weidenbewachsenen, schilfigen Beschaffenheit, die Katzen und Pferde vermeiden, die jedoch das

Rind aufsucht. Die trockeneren Streifen waren überwuchert mit wilden Rosen und jungen Bäumchen, und der äußerste Gürtel des Ganzen, dem sich das freie Feld anschloß, bestand aus schlank gewachsenen, biegsamen jungen Fichten, deren frische, grüne Nadeln dem einsamen Wanderer einen erfrischenden, balsamischen Duft zusenden. – Doch wehe jedem Unkraut, das es wagt, seine Nährkraft aus dem angestammten Boden der Fichte zu ziehen; der sichere Untergang durch das erstickende Leichentuch der absterbenden Nadeln ist ihm gewiß.

Im weiten Umkreis breitete sich das freie Feld aus, und die einzigen Wildpfade, die jemals die Waldungen durchkreuzten, waren die eines Fuchses, dessen festes, unterirdisches Raubschloß nur allzu nahe lag.

Die Hauptbewohner des Moores waren Zottelohr mit seiner Mutter, deren nächste Nachbarn weit entfernt lebten und deren Verwandtschaft schon längst gestorben war. Das waldbewachsene Marschland war ihre Heimat, hier lebten sie ihr anspruchsloses Hasenleben, und hier war es, wo Zottelohr die Erziehung genoß, die ihn zu einem tüchtigen Hasen machte, der dem Ernst des Lebens mit Charakter entgegentritt.

Mama Hase war eine treue, kleine Mutter, die ihr Söhnchen erzog, so gut sie irgend konnte. Das erste, was sie ihm vor allem beibrachte, war »Stilliegen und schweigen«. Das Abenteuer mit der Schlange lehrte Zottel die tiefe Weisheit dieses Rates voll und ganz begreifen, er vergaß diese Lektion niemals und handelte in späteren Tagen genau wie ihm angeraten, was sich in den meisten Fällen auch als das einzig Richtige erwies.

Das zweite, was er lernte, war »Erstarren«, es ergibt sich ganz von selbst aus dem ersten und wurde Zottel, sobald er ordentlich laufen konnte, in der Praxis beigebracht.

»Erstarren« bedeutet einfach, sich nicht rühren und zur leblosen Statue werden. Sobald ein gut erzogener Hase entdeckt,

daß ein Feind ihm nachstellt, bleibt er stehen, wie und wo er gerade ist und vermeidet ängstlich jede Bewegung. Dies ist ganz natürlich, denn die Bewohner des Waldes, weil von derselben Farbe wie Erde, Baum und Strauch, ziehen nur dann das Auge ihres Verfolgers auf sich, wenn sie sich rühren. Begegnen sich nun zwei Feinde auf den einsamen Wald- und Wildpfaden, ist der, welcher den Gegner zuerst erblickt, im Vorteil, weil er sich durch »Erstarren« unsichtbar machen und dann den richtigen Zeitpunkt für Angriff oder Flucht selbst wählen kann. Nur wer das Leben und Treiben des Waldes kennt, ist imstande, die wichtige Bedeutung dieser Lehre ganz zu erfassen. Jedes Tier im freien, grünen Forst und jeder Jäger muß erst lernen, und die meisten Tiere bringen es zu einer erstaunlichen Vervollkommnung, doch keines konnte es Mutter Hase gleich tun. Sie lehrte Zottel dieses Kunststück an Beispielen. Wenn das weiße Kissen, das sie als bequemes Sitzpolster immer mit sich trug, dahinflog durch die Waldung, hopste Zottelohr hinterher, so schnell er konnte, um wenigstens annähernd Schritt zu halten, doch wenn die Mutter plötzlich anhielt und »erstarrte«, tat er, veranlaßt vom natürlichen Nachahmungstrieb, genau dasselbe.

Die tiefste Weisheit, die Zottelohr von seiner Mutter mitbekam, war das Geheimnis des wilden Rosenbusches. Es ist eine uralte Geschichte, und um sie ganz zu verstehen, muß man erst erfahren, warum der wilde Rosenbusch mit den Tieren in Feindschaft geriet.

In alten, alten Zeiten blühten die Rosen auf Sträuchern ohne Dornen. Aber das Eichhörnchen und die Maus kletterten auf ihnen, und die Kuh stieß sie mit ihren Hörnern herab. Das Stinktier peitschte sie mit seinem langen Schwanz herunter, und das Reh trat sie mit seinen scharfen Hufen nieder. Deshalb bewaffnete sich der Rosenstrauch mit spitzen Stacheln, um seine Rosen beschützen zu können und erklärte allen Kreaturen ewige Fehde. Von dieser Kriegserklärung wurde niemand ausgenommen, nur der Hase, denn er konnte ja nicht klettern, war huflos und hatte weder Hörner noch einen Schwanz, den man als solchen bezeichnen konnte.

Und in der Tat, niemals hat ein Hase einer wilden Rose ein Leid zugefügt, und da sie so viele Widersacher hatte, machte sie den Hasen zu ihrem Busenfreund, und wenn Gefahr dem armen Lampe droht, flieht er zum nächsten Rosenbusch, denn er weiß ja, daß dieser bereit ist, ihn mit tausend spitzen, giftigen Schwertern zu verteidigen. –

Das ist die geheimnisvolle Überlieferung von der innigen Freundschaft des Rosenstrauches zu Meister Lampe. – Die Hasenmutter war klug genug, ihre kostbare Zeit vor allem zu benutzen, um das gelehrige Söhnchen mit der Geographie des Landes, den tausend Irrpfaden zwischen den Brombeer- und Dornensträuchern vertraut zu machen, und Zottel kannte sie bald so gut, daß er auf zwei verschiedenen Wegen durch das Moor nach Hause finden konnte, ohne sich dabei von den stets hilfsbereiten, wilden Rosen weiter zu entfernen als höchstens fünf Hopse.

Nicht lange ist's her, da bemerkten die Feinde der Hasen mit verständlichem Unwillen, daß die Menschen eine neue Sorte von Dornenhecken erfunden hatten und diese in langen Reihen durch das ganze Land pflanzten. Diese Hecken waren so stark, daß niemand sie niederbrechen konnte, und so scharf, daß sie das dichteste Fell erbarmungslos zerrissen. Jedes Jahr erschienen mehr und mehr, und jedes Jahr wurde die Sache schlimmer für die freien Waldbewohner, nur Mutter Hase hatte von dieser Neuerung nichts zu fürchten, denn nicht umsonst war sie unter den wilden Rosen aufgewachsen, aber Hunde und Füchse, Kühe und Schafe, ja selbst

Menschen rissen sich jämmerlich an diesen furchtbaren Stacheln, und je weiter sich dieser bisher unbekannte und nun gefürchtete Dornenstrauch ausdehnte, desto sicherer wurde das Land für die Hasen und desto ruhiger konnten sie leben unter dem Schutze des – Stacheldrahtzaunes.

3

Die Häsin hatte nur diesen einzigen Sprößling, und Zottelohr genoß infolgedessen ihre ungeteilte Liebe und Pflege. Er war ein außergewöhnlich flinker, starker und kluger Junge, das Glück lächelte ihm, und so entwickelte er sich zu einem wahren Prachthasen.

Die Mutter ermahnte ihren Sohn, die Geheimnisse des Waldes gründlich kennenzulernen, was gut zu essen und zu trinken ist und was schädlich. Tag für Tag mühte sie sich ab, ihn zu belehren und zu einem tüchtigen Hasen heranzubilden. Sie trichterte in seinen Kopf Hunderte von Plänen, Kniffen und Schlichen, die ihre eigene Erfahrung und ihre gute Erziehung sie gelehrt hatte, und sie rüstete Zottel mit einer Bildung aus, mit der er als Mann ins Leben treten konnte.

Dicht neben der Alten im Kleeacker oder im Dickicht konnte man ihn würdevoll sitzen sehen und beobachten, wie er sie nachahmte, wenn sie sich die Nase putzte, oder dann und wann in ein paar Hälmchen aus ihrem Maule zupfte und an ihren Lippen leckte, um sicher zu gehen, daß er auch dasselbe Futter bekam wie sie. Dann lernte er, wie man die Ohren mit den Pfoten glattstreichen, den Rock ausbürsten und die Haarflocken aus Weste und Socken entfernt. Auch wußte er bald, daß die Tautropfen von den wilden Rosenblättern das einzig anständige Getränk für Hasen sind, denn Wasser, das einmal die Erde berührt hat, mußte sicherlich irgendeine schädliche Beimischung haben.

Sobald Zottelohr groß genug war, um ohne Begleitung ausgehen zu können, machte ihn seine Mutter bekannt mit dem Geheimnis der Telegraphie. Die Hasen pflegen sich gegenseitig Signale zuzuschicken, indem sie mit den Hinterläufen auf den Erdboden klopfen, und da der Schall auf der Erde bekanntlich sehr weit trägt, kann man einen Schlag, wenn man das Ohr an den Boden hält, wenigstens hundert Meter weit hören. Nun haben die Hasen ein ungemein scharfes Gehör. Sie sind imstande, das Klopfen eines Artgenossen zweihundert Meter weit zu hören, eine Entfernung von einem Ende von Olifants Moor bis zum anderen. Ein einmaliges Klopfen bedeutet »Paß auf« oder »Erstarre«. Ein langsames Poch-poch »Komm«. Ein hastiges Klopf-klopf heißt »Gefahr« und ein rasches dreimaliges Pochen »Lauf ums liebe Leben«.

An einem wunderschönen Morgen, als die Eichelhäher sich in den Zweigen zankten, ein sicheres Zeichen, daß keine Gefahr zu befürchten war, begann Zottel ein neues Studium. Mutter Hase gab durch Anlegen der Löffel das Zeichen zum Niederlegen, dann lief sie weit hinein in das Dickicht und telegraphierte »Komm«. Zottel setzte sich in Trab, aber konnte sie nicht finden, er klopfte und wartete vergeblich auf eine Antwort. Aufmerksam umherschnüffelnd fand er ihre Fußspur, und seinem Spürsinn, der alle Tiere sicher leitet, den Menschen jedoch unbekannt ist, folgend, arbeitete er sich vorwärts und fand die Mutter glücklich in dem Versteck. Das war seine erste Übung im Aufspüren, und dieses Wechselspiel von Suchen und Finden wurde zur Schulung für manch ernsthaften Fall in seinem späteren Leben. Schon ehe der erste Lehrkurs beendet war, war er Meister aller Kniffe und Winkelzüge, die zum Leben eines Hasen gehören, und in vielen bewies er außergewöhnliches Talent, in manchen sogar wirkliches Genie.

Er war »Sachverständiger« im Unterscheiden der Bäume und Pflanzen, ein wahrer Künstler in Seitensprüngen und im Erstarren, er konnte jedes Hindernis mit Eleganz nehmen und jeden Wind ausnützen und sich so natürlich tot stellen, daß er kaum noch neuer Kunstkniffe bedurfte. Ohne alle Vorübung wußte er genau, wie man sich die Stacheldrahtzäune zunutze macht, denn dies war ja ein Kniff neuester Erfindung. Seinen Verfolgern Sand in Augen und Nase zu werfen, war sein Lieblingsspiel, er konnte kunstgerecht ausbiegen, über Zäune setzen und Kreise beschreiben und vor allem sich *einlochen*, ein Kunststück, das wir noch näher beschreiben müssen. Aber bei alledem vergaß er niemals, daß »Erstarren« und »Ducken« der Anfang aller Weisheit ist, und daß der wilde Rosenstrauch den einzigen sicheren Schutz gewährt.

Früh lehrte ihn die Mutter auch alle seine Nachsteller und Feinde kennen und unterscheiden und, nicht zu vergessen, die Art, sie ordentlich an der Nase herumzuführen. Denn sie alle, Bussarde, Eulen, Füchse, Hunde, Marder, Wiesel, Katzen, Stinktiere, Waschbären und Menschen haben einen besonderen Verfolgungsplan, und für alle diese Übel wußte die kluge Lehrmeisterin eine Abhilfe.

Um die Annäherung eines Feindes rechtzeitig zu entdecken, lernte er sich vor allem auf sich selbst und seine Mutter, dann aber auf den Eichelhäher zu verlassen. »Niemals überhöre des Hähers Warnungsruf«, war der weise Rat der Mutter, »zwar ist er ein Ränkeschmied, ein Unheilstifter und ein Dieb, aber nichts entgeht ihm. Es würde ihm nichts ausmachen, uns Übles zuzufügen, aber dank des wilden Rosenstrauches kann er es nicht, und da seine Feinde auch die unsern sind, mußt du ihn immer im Auge behalten. Wenn du den Warnungsruf des Spechtes hörst, kannst du ihm trauen, denn er ist ein braver, ehrlicher Nachbar, aber er ist rein nichts gegen den Häher, und obwohl dieser oftmals lügt, um Unheil anzustiften, kannst du ihm immer glauben, wenn er böse Kunde bringt.«

Das Springen durch Stacheldrahtzäune erfordert starke Nerven und geschickte Läufe, und erst in seinem späteren Leben versuchte sich Zottelohr an diesem Kunststück, aber als er erwachsen war, wurde es sein Lieblingssport.

»Es macht viel Spaß für die, die es wirklich verstehen«, sagte Mutter Hase, »zuerst läufst du vor einem dich jagenden Hund her immer gerade aus und läßt ihn ein bißchen warm werden, indem du dich beinahe fangen läßt, dann, in Sprungweite vor ihm, führst du ihn im weiten Bogen im vollsten Galopp in einen brusthohen Stachelzaun. Oft hab ich's schon mit angesehen, daß ein Hund oder ein Fuchs fürs Leben zum Krüppel wurde, und einmal sah ich einen mächtigen Jagdrüden tot liegenbleiben, aber noch öfter hat ein braver Hase sein Leben bei diesem Wagestück verloren.«

Zottelohr wurde rechtzeitig in das eingeweiht, was mancher Hase niemals lernt, das ist das »Einlochen«, eine nicht so einfache Sache. Oft ist es eines klugen Hasen letzte Rettung, aber früher oder später eines törichten Häschens Tod. Ein junger Hase denkt an diesen Ausweg immer zuerst, ehe er einen anderen versucht, aber ein Ausgelernter wird nur im höchsten Notfall darauf kommen. Es ist ein sicheres Entwischen vor einem Menschen oder einem Hund, vor einem Fuchs oder einem Raubvogel, aber es bringt sicheres Verderben, wenn der Verfolger ein Marder, ein Stinktier oder ein Wiesel ist.

Es gab nur zwei Erdlöcher im Moor. Das eine war unter der Sonnenbank, einem trockenen, geschützten Erdhügel auf der Südseite, offen und langsam gegen die Sonnenseite abfallend. Hier war es, wo die Familie Hase an schönen Tagen ihre Sonnenbäder zu nehmen pflegte. Auf einem Bett von Fichtennadeln und Wintergrün streckten und reckten sie sich in katzen-

artigen Bewegungen und drehten sich langsam von einer Seite
auf die andere, wie man einen Braten auf dem Rost wendet,
damit alle Seiten gut durchbraten. Sie blinzelten, schnauften
und krümmten sich wie unter den schrecklichsten Schmerzen
und Qualen, aber dabei war es das höchste Wohlbehagen, das
sie kannten.

Quer über den Rand des Erdhügels lag ein alter Fichtenstumpf. Seine grotesken Wurzeln schlängelten sich über die
gelbe Sandbank wie Drachenarme, und unter ihren schützenden Ausläufern hatte sich vor langer Zeit ein altes, bärbeißiges
Murmeltier eine Höhle gegraben. Dieser griesgrämige Einsiedler wurde von Tag zu Tag schlechtgelaunter und ließ sich
eines Tages fürwitzig in Handgreiflichkeiten mit Olifants
Hund ein, anstatt sich weise zurückzuziehen. Infolgedessen
konnte eine Stunde später Mutter Hase von der Höhle Besitz
ergreifen.

Einige Zeit darauf ging dieses Erdloch in den Besitz eines selbstgefälligen, jungen Stinktiers über, das
sich gewiß eines langen Lebens erfreut hätte, wäre es
weniger tollkühn und eingebildet gewesen, denn
er glaubte in seiner Vermessenheit, daß selbst der
Mensch mit dem Schießgewehr bewaffnet vor ihm die
Flucht ergreifen müsse. Er mußte diese Behausung
bald aufgeben, denn seine selbstherrliche Herrschaft
dauerte nur vier Tage.

Die zweite Höhle, das »Farnloch«, wie schon der Name verrät unter einem Farnstrauch, lag dicht neben dem Kleeacker.
Sie war eng, feucht und zu nichts zu gebrauchen, es sei denn
im Falle höchster Not als letzter Zufluchtsort. Auch diese war
das Werk eines Murmeltiers, eines wohlmeinenden, freundli-
chen Nachbars, dessen Haut jedoch leider infolge der Feigheit
ihres Besitzers in Form einer Peitschenschnur aus Olifants
Ackerpferden erhöhte Arbeitskraft heraushieb.

Sohn und Mutter Zottelohr waren nun die alleinigen Besitzer dieser beiden Höhlen, aber sie suchten sie so selten wie möglich auf, damit nichts das Bestehen dieser letzten Zufluchtsplätze ihren Feinden und Widersachern verraten sollte.

Auch stand da ein hohler Nußbaum, der, obwohl fast zerfallen, dennoch jedes Jahr frisch grünte und unschätzbare Vorteile bot, weil er an beiden Seiten offen war. Diese Höhle war lange die Residenz eines alten, einsiedlerischen Waschbären gewesen, der seinen Lebensberuf darin erblickte, Frösche zu jagen, und ansonsten auf Fleischnahrung verzichtete; man argwöhnte jedoch, daß ihm nur die Gelegenheit fehlte, einmal einen Hasen zum Frühstück zu versuchen. Und so kam es, daß ihn eines Nachts ein jäher Tod durch Olifants Hand ereilte, als er gerade dabei war, dessen Hühnerhaus gründlich auszuplündern, und die Hasenmutter konnte von seinem trauten Heim Besitz ergreifen, ohne die geringste Trauer um den Getöteten, sondern mit einem Gefühl wahrer Erleichterung.

4

Der goldene Sonnenschein eines Augustmorgens flutete über das Moor, und jedes Blättchen schien sich im warmen Glanz zu baden. Ein kleiner, brauner Sumpfsperling schaukelte auf einer langen Rute über dem Teich; unter ihm spiegelte das schmutzige Wasser ein paar Streifchen blauen Himmels und bildete aus diesen und den grüngelben Wasserlinsen das wunderbarste Mosaik mit dem Spiegelbild des kleinen Vogels in der Mitte. Am Ufer stand ein dichter Wald üppig wuchernder Wasserpflanzen, die tiefe Schatten über das braune Riedgras warfen.

Die Augen des kleinen Sumpfsperlings hatten etwas entdeckt, was wir wohl übersehen hätten: Zwei der kleinen, braunen Höcker unter den breiten Blättern der Wasserpflanzen waren Lebewesen, deren Nasen nicht aufhörten, sich auf und ab
zu bewegen, obwohl sie sonst wie tot dalagen.

Es waren Mutter und Sohn, die behaglich ausgestreckt unter
den schützenden Blättern lagen. Sie hatten dieses schattige
Plätzchen gewählt, weil es den lästigen Pferdefliegen dort zu
langweilig war und sie infolgedessen ungestört ausruhen
konnten.

Die Hasenkinder haben keine fest bestimmte Zeit für ihre
Unterrichtsstunden, sie lernen den ganzen Tag, denn die Wahl
einer Unterrichtsstunde hängt ganz von den Umständen ab
und wird oft nötig, bevor man's ahnt. Mutter und Sohn hatten
sich zu einer gemütlichen Mittagspause an diesen stillen Ort
begeben, aber sie waren nicht lange dort, als plötzlich des immer wachsamen Eichelhähers Warnruf erscholl und die Hasenmutter veranlaßte, sofort Nase und Ohren aufzurichten.
Drüben über dem Moor erschien Olifants großer schwarz und
weiß gefleckter Hund und kam gerade auf sie zu.

»Duck' dich nieder«, rief die Alte, »und ich will dem Narren
eine Lektion erteilen.« Davon sauste sie und kreuzte furchtlos
des Hundes Weg.

»Wau, wau« ertönte sein aufgeregtes Gebell, als er Zottelohrs Mutter hinterherstürzte, doch diese ließ ihn nicht in greifbare Nähe kommen und lockte ihn dorthin, wo Millionen von
scharfen Stacheln ihn blutig rissen, bis ihm das Fell von den
zarten Ohren hing. Zuletzt leitete sie die wilde Jagd im Bogen
gerade in einen dichtüberwucherten Stacheldrahtzaun, wo
sich der hitzige Verfolger eine derartige Wunde zuzog, daß er
heulend vor Schmerz heimwärts trottete. Nachdem die Häsin
dann noch eine doppelte Schleife und verschiedene andere
kunstvolle Windungen im Laufe beschrieben hatte, um ihre

Spur möglichst zu verwischen, für den Fall, daß der Hund zurückkehren sollte, kam sie zu ihrem Söhnchen zurück und fand ihn, die großen, neugierigen Augen weit aufgerissen, aufrecht sitzend und sich den Hals verdrehend, um diesen interessanten Sport mit anzusehen.

Dieser Ungehorsam machte die Alte so ungehalten, daß sie ihrem Sprößling eins mit dem Hinterlauf versetzte und er kopfüber in den Schlamm purzelte.

Eines Tages, als die Hasen sich gerade zum üppigen Mahl im Kleeacker niedergelassen hatten, kam ein Bussard aus den Lüften herab auf sie zugeschossen. Die Mutter schlug hinten aus, um den Bussard zu täuschen und flüchtete dann unter die Dornen, die entlang eines alten Waldpfades wuchsen, und wohin der Räuber natürlich nicht folgen konnte. Es war der Hauptverbindungsweg zwischen dem Dickicht am Bach und dem sogenannten »Ofenrohr«-Reisighaufen, und da einige Schlingpflanzen querherüber gewachsen waren, machte sich Mutter Hase, den Bussard natürlich im Auge behaltend, daran, diese Zweige abzubeißen. Zottelohr sah ihr eine Weile zu, dann lief er ein Stückchen voraus und knapperte einige Ranken ab, die weiter unten den Pfad versperrten. »Das ist recht«, sagte die Mutter, »halte die Rennwege offen, nicht zu breit, aber ja nicht zugewachsen, denn oft genug wirst du sie nötig haben. Beiße alle Ranken sorgfältig ab, und du wirst eines Tages feststellen, daß du Fallstricke zerschnitten hast.« »Was bedeutet denn das?« fragte Zottelohr wißbegierig, während er sich mit dem linken Hinterlauf behaglich am rechten Ohr kratzte.

»Ein Fallstrick oder eine Schlinge« erklärte ihm die Mutter, dann und wann einen raschen Blick nach dem jetzt weit entfernten Bussard werfend, »eine Schlinge ist ein Ding, das genauso aussieht wie eine Schlingpflanze, aber es wächst nicht und ist gefährlicher als alle Raubvögel der Welt, denn Tag und Nacht liegt es verborgen im Rennweg, bis die Gelegenheit kommt, dich zu fangen.«

»Du glaubst doch nicht etwa, daß es mich fangen könnte?« fragte Zottelohr mit der ganzen Einbildung seiner jungen Jahre, während er sich auf die Zehenspitzen stellte, um sich hoch oben an der glatten Rinde eines jungen Bäumchens Kinn und Schnurrbart zu reiben. Zottel wußte nicht, warum er das tat, aber seine Mutter sah und kannte dieses Anzeichen, ähnlich dem Stimmwechsel bei einem Knaben, und wußte, daß ihr Kleiner nun kein Baby mehr war und bald in die Reihen der Erwachsenen eintreten würde.

5

Es liegt ein tiefer Zauber im frischen, dahinrieselnden Wasser. Wer weiß und fühlt es nicht stets von neuem! Eisenbahndämme baut man furchtlos durch weite Sümpfe und Teiche, ja selbst durch Seen, aber die schmalste Rinne laufenden Wassers behandelt man mit größter Achtung und Vorsicht, macht ihre Richtung, Wege und Wünsche ausfindig und gibt ihr freien Lauf. Der durstgequälte Wanderer in der giftigen Salzwüste hält sich fern von schilfbewachsenen Sümpfen, bis er endlich eine Stelle findet, wo sich eine silberklare, dünne Linie dahinschlängelt – lebendiges Wasser – und erlöst beugt er sich nach unten, um sich zu erfrischen.

Es liegt eine geheimnisvolle Macht im frischen, laufenden Wasser, es bildet ein unüberwindliches, sozusagen bannendes Hindernis für jeden bösen Zauber, in Zeiten höchster Not gewährt es Hilfe und Rettung, und die freie Waldkreatur mit dem nicht ermüdenden Todfeind auf seiner Fährte sucht, von seiner Zaubermacht unbewußt angezogen, seinen nie versagten Schutz. Wenn das gehetzte Tier mit seiner letzten Kraft am

Ende ist und jeder erdenkliche Kunstgriff und Ausweg vergeblich, führt ihn sein guter Engel zum Wasser, zum lustig dahinspringenden lebendigen Wasser, und es stürzt sich hinein und folgt dem kühlenden Strom, um dann erfrischt und gekräftigt den Weg zum Forst wieder aufzunehmen.

Es liegt ein geheimer Zauber im lebendigen Wasser. Wenn die Hunde auf der Jagd zu diesem Hindernis kommen, müssen sie ihren Lauf bremsen und suchen umher, aber sie suchen vergeblich. Die Spur ist verschwunden in dem frisch dahin eilenden Strom, und das arme gehetzte Wesen ist frei.

Das war eins der großen Geheimnisse, die Zottelohr von seiner Mutter lernte – »nach dem wilden Rosenstrauch ist das Wasser dein bester Freund«.

Es war in einer gewitterschwülen Nacht im August, als die Mutter ihren Sohn durch die Waldungen führte, vor ihm blinkte das schneeweiße Kissen, das sie trug, als wegweisende Laterne, die nur verlöschte, sobald die Häsin anhielt und sich gemütlich darauf niederließ. In kurzen Unterbrechungen, einmal laufend, dann anhaltend um zu horchen, kamen sie ungehindert an das Ufer des Teiches. Die Vögel hoch oben in den Zweigen sangen ihr Schlummerlied, und draußen auf einem versunkenen Stamm im tiefen, dunklen Wasser, bis zum Kinn im kühlenden Bad, quakte ein fetter Frosch einen Lobgesang.

»Mein Sohn, folge mir!« sagte die Mutter in der Hasensprache, und schwapp, sprang sie hinein in den Teich und holte gewaltig aus, um den versunkenen Baumstumpf zu erreichen. Zottel zauderte erst, doch sprang er dann mit einem kleinen »Autsch« in die Flut, luftschnappend und eifrig mit der Nase wackelnd, aber immer die Bewegungen seiner Mutter genau nachahmend. So wie er sich auf dem Land fortbewegte, tat er es auch im Wasser – er schwamm. Vorwärts ging es, bis der Stamm erreicht war, und dort kletterte er hinauf neben seine triefende

Mutter auf das erhöhte, trockene Ende, umgeben von einer rauschenden Laubwand und dem Wasser, das nichts ausplaudert. Später in dunklen, warmen Nächten, wenn der alte Fuchs von Springfield plündernd durch das Moor streifte, erinnerte sich Zottel stets der Stelle, wo die Frösche singen, denn im Falle größter Gefahr konnte es ihm die letzte Rettung bringen, und von diesem Tage an klangen die Worte, die der Frosch sang, für Zottelohr so: »Komm, komm, wenn in Gefahr, dann komm!«

Dieses war die letzte Belehrung, die Zottelohr von seiner Mutter mitbekam. Sie zeugt von außergewöhnlicher Hasenweisheit, und manches kleine Häschen hat und wird sie nie erfahren.

6

Selten verläßt ein Bewohner des Waldes das Leben aus Altersschwäche, er nimmt wohl einmal früher oder später ein tragisches Ende, und es ist nur eine Frage der Zeit und der Klugheit, wie lange er sich den Verfolgungen seiner Feinde entziehen kann. Doch Zottels Leben bewies, daß ein Hase, der einmal glücklich das Mannesalter erreicht hat, meistens erst im letzten Drittel seines Daseins, wenn es bergab geht, seinen Verfolgern zum Opfer fällt.

Die Hasenfamilie hatte überall Feinde, und ihr tägliches Leben war eine Kette von Nachstellungen und Verfolgungen, denen sie nur um Haaresbreite entrannen, denn Hunde, Füchse, Katzen, Stinktiere, Waschbären, Wiesel, Schlangen, Raubvögel und Menschen, ja selbst giftige Insekten trachteten ihnen nach dem Leben. Sie waren in Hunderte von Abenteuern verwickelt, und wenigstens einmal am Tag waren sie gezwungen, ums liebe Leben zu rennen und es durch die Schnelligkeit ihrer Läufe und ihren Einfallsreichtum zu retten.

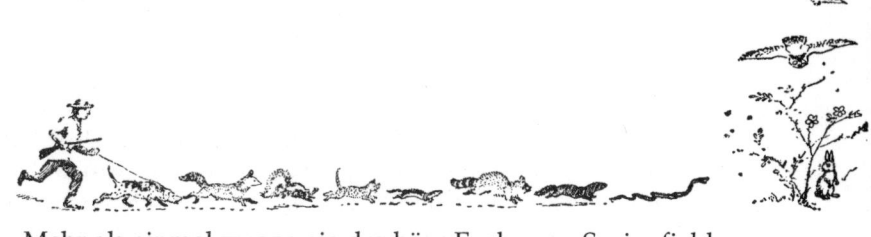

Mehr als einmal zwang sie der böse Fuchs von Springfield, Zuflucht unter den Ruinen eines verfallenen, mit Stacheldraht überspannten Schweinestalls nahe an der Quelle zu nehmen; doch wenn sie dort erst einmal geborgen waren, durften sie ihm ruhig zusehen, wie er sich seine Beine beim vergeblichen Versuch, sie zu erreichen, blutig riß.

Einige Male auch lenkte Zottel die Aufmerksamkeit eines ihn verfolgenden Hundes von sich ab und auf ein Stinktier, das fast ebenso gefährlich war wie der Rüde.

Einmal wurde Zottel sogar von einem Jäger, dem ein guter Hund und ein Frettchen helfend zur Seite standen, eingefangen, aber er hatte das Glück, am nächsten Tag zu entwischen. Was blieb, war tiefstes Mißtrauen in die Sicherheit der Erdlöcher. Verschiedene Male wurde er von einer Katze ins Wasser gejagt, und oft stellten ihm Bussarde und Eulen nach, doch für jede noch so große Gefahr gab es einen rettenden Ausweg. Die Mutter lehrte ihn alle die Winkelzüge und Kniffe, die ihr bekannt waren, und Zottelohr verbesserte diese und erfand sogar neue, als er älter wurde. Und je gesetzter und weiser er wurde, desto weniger verließ er sich auf seine Läufe und mehr und mehr auf seinen Einfallsreichtum und seine Erfahrung.

»Ranger« hieß ein junger Hund aus der Nachbarschaft, den sein Meister zur Ausbildung und Erziehung des öfteren auf die Fährte eines Hasen brachte. Fast immer war es Zottelohr, dem die Jagd galt, und er vergnügte sich bei diesen Hetzjagden mindestens ebensogut wie seine Verfolger, denn der Beigeschmack von Gefahr gab der Sache den nötigen Reiz. Gewöhnlich pflegte er zu sagen:

»O Mutter, da ist dieser Hund schon wieder, jetzt muß ich wieder mal tüchtig rennen!«

»Du bist zu frech, Zottel mein Sohn«, erwiderte die Mutter, »und ich ahne, daß du noch einmal zu oft rennen wirst.«

»Aber Mutter, das ist doch solch' ein herrlicher Spaß, diesen dummen Hund zu ärgern, und dabei ist's ein gutes Training. Wenn er mir zu hart zusetzen sollte, werde ich schon klopfen, und dann kannst du kommen und ihn etwas auf Seitenwege führen, während ich für ein neues Rennen Luft schnappe.«

Dann hopste er hervor und mitten in *Rangers* Weg, der sofort die Verfolgung aufnahm und Zottelohr nachsetzte, bis dieser müde wurde und der Mutter ein Klopftelegramm um Hilfe sandte, welches sie veranlaßte, sofort herbeizueilen. Oft auch wußte er sich den Hund durch irgendeinen anderen schlauen Winkelzug vom Halse zu halten. Die Beschreibung einer solchen Begebenheit wird den Beweis liefern, wie gründlich Zottel mit den Lehren des Waldlebens und der Geographie vertraut war.

Er wußte genau, daß der Hund seiner Fährte am leichtesten folgen konnte, wenn sie direkt auf dem Waldboden zu riechen war und wenn er sich warm gelaufen hatte. Schaffte er es nun, einen erhöhten Punkt zu erreichen, wo er sich eine halbe Stunde ungestört abkühlen durfte und der Fährte Zeit lassen konnte, den Geruch zu verlieren, so wußte er, daß er dann in Sicherheit war.

Wurde er der Jagd müde, so wendete er sich einer wilden Rosenhecke am Talabhang zu und beschrieb einen Zickzackweg, bis er eine so verzwickte Spur hinter sich ließ, daß sie dem Hund auf eine gute Weile zu tun gab. Dann lief er in gerader Linie mitten in den Wald auf D zu und lief mit einem Sprung südlich am Baumstumpf E vorbei. Bei D kehrte er um und verfolgte denselben Weg bis F, sprang hier zur Seite und lief nach G, von dort zurück nach J. Hier wartete er, bis der Hund bei I vorüberkam. Dann begab er sich gemächlich auf

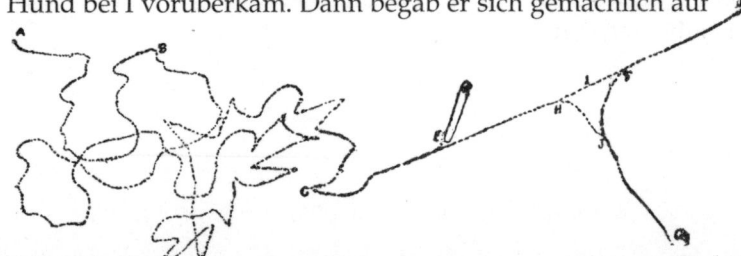

seinen alten Weg zurück nach E, wo er mit einem mächtigen Satz den hohen Baumstumpf erreichte, um dort, zur Bildsäule erstarrt, ruhig das Weitere abzuwarten.

Ranger verlor viel Zeit in dem unwegsamen Dornendickicht, und es wurde ihm unendlich schwer gemacht, die unregelmäßige und beinahe schon verwischte Fährte zu finden; doch mit viel Mühe kam er bei D an. Hier begann er Kreise zu beschreiben, um auf diese Weise die Spur zu kreuzen, und nachdem er wieder viel kostbare Zeit beim Suchen vergeudet hatte, kam er auf den richtigen Weg, der aber plötzlich bei G ein Ende fand. Zum zweiten Mal stand er vor einem Rätsel und war gezwungen, wie vorher geschäftig hin und her zu laufen, um auf den richtigen Pfad zu kommen. Größer und größer wurden seine Kreise, bis er schließlich gerade unter dem Baumstumpf vorbeikam, auf dem Zottelohr sich niedergelassen hatte. Aber da war keine Gefahr, denn an einem kalten, windstillen Tage wird die Witterung kaum nach unten getrieben, und da Zottel nicht muckste und mit keiner Wimper zuckte, lief der Hund arglos vorüber.

Wieder näherte sich der Verfolger dem Baumstumpf und zwar diesmal dem tieferen Ende. Er hielt an, beschnüffelte es und dachte sich: »Wahrhaftig, das riecht nach Hase!« Die Witterung war zwar schon kalt und halb verweht, aber nichts desto weniger bestieg er den Stamm.

Es war eine harte Probe für Zottelohr, den mächtigen Hund schnüffelnd den Baumstamm entlang kommen zu sehen, aber seine starken Nerven ließen ihn nicht im Stich. Der Wind war günstig, und er hatte den festen Vorsatz gefaßt, mit einem kühnen Satz das Weite zu suchen, sobald Ranger den halben Weg nach oben zurückgelegt hatte. Aber er kam nicht. Ein gewöhnlicher, schmutziger Dorfköter hätte den Hasen sofort entdeckt, doch nicht der edle Jagdhund; er sprang vom Baumstumpf herab, und Zottel war Sieger.

7

Zottelohr hatte außer seiner Mutter niemals einen anderen Hasen auch nur gesehen, ja er hatte kaum an die Möglichkeit gedacht, daß noch andere Wesen wie er in der Umgebung leben könnten. Seine Unternehmungen führten ihn mehr und mehr fort von zu Hause, doch fühlte er sich niemals einsam, denn Hasen haben kein großes Verlangen nach Gesellschaft. Eines Tages im Dezember, als er eben im Dickicht damit beschäftigt war, eine neuen Pfad ins Tal anzulegen, erblickte er plötzlich oben den Schatten der Löffel eines fremden Hasen. Der Eindringling hatte das Auftreten eines unternehmenden Entdeckers und kam bald in langen Sprüngen herab auf *Zottelohrs* Pfad, mitten in *Zottelohrs* Revier. Ein neues, fremdes Gefühl überkam plötzlich unser Häschen, jene kochende Mischung von Ärger und Haß, die als Eifersucht wohlbekannt ist.

Der Fremdling machte Halt vor einem von Zottels Bäumen, an dem er sich behaglich das Kinn zu reiben pflegte, einfach weil es ihm Spaß machte und ohne zu wissen, daß alle männlichen Hasen dasselbe tun. Dies gibt einem solchen Baum einen Hasengeruch, und Neuankömmlinge können daraus sofort erkennen, daß die Umgegend bereits von einer Hasenfamilie bewohnt und ein Bevölkerungszuwachs nicht erwünscht ist. Auch kann der Fremde durch seinen Geruchssinn leicht herausfinden, ob der letzte Besucher seiner Bekanntschaft angehörte, und die Höhe der abgeriebenen Stelle an der Baumrinde gibt ihm die genaue Größe seines Vorgängers an.

Zu seinem höchsten Mißfallen bemerkte Zottelohr, daß der Eindringling einen Kopf größer war als er selbst und ein kräftiger, starker Bursche dazu. Das war etwas ganz Neues für Zottel und erfüllte ihn mit einem bis dahin ungekannten Gefühl. Mordlust

nahm Besitz von seinem unschuldigen Herzen, er kaute eifrig
mit nichts zwischen den Zähnen, und mit einigen Sätzen vorwärts einen freien Rasenplatz erreichend, klopfte er feierlich:

»Klopf – klopf – klopf!« was soviel bedeuten sollte wie:
»Mach, daß du aus meinem Revier kommst, oder es setzt Hiebe!«

Der Fremde machte ein großes V mit seinen Ohren, saß einige Sekunden aufrecht wie ein Stock und gab dann, seine Vor-
derläufe senkend, das weit hörbare Signal: »Klopf – klopf –
klopf!«

Und der Krieg war erklärt.

In kurzen Sprüngen liefen sie umeinander herum, jeder lau-
erte auf eine Gelegenheit zum Angriff. Der Fremde war ein
starker, schwerer Hase mit wohlausgebildeten Muskeln, doch
durch einige ungeschickte Wendungen bewies er seine Unbe-
holfenheit und Schwerfälligkeit und zeigte klar, daß er seine
Schlachten nur durch seine Größe und nicht durch Geschicklichkeit zu gewinnen pflegte. Schließlich eröffnete er den
Kampf, und Zottelohr begegnete ihm wie eine kleine Furie.
Beim Zusammenstoß sprangen sie in die Höhe, schlugen mit
ihren Hinterläufen gewaltig aus, und zu Boden fiel der arme,
kleine Zottel. Der Gegner saß augenblicklich auf ihm, bearbei-
tete ihn mit seinen Zähnen, und der kleine Hase mußte verschiedene Flöckchen Wolle lassen, bevor er wieder auf die
Füße kommen konnte. Doch er war flink auf den Beinen und
war schnell außer Reichweite. Wieder griff er an, und wieder
wurde er zu Boden geschleudert und ganz erbärmlich zugerichtet, denn er war seinem Gegner auch nicht annähernd gewachsen. Bald wurde ihm klar, daß er sein teures Leben nur
durch die Schnelligkeit seiner Läufe und seinen überlegenen
Einfallsreichtum retten könne.

Verwundet wie er war, entfloh er, heftig verfolgt von dem
Fremdling hinter ihm, der fest entschlossen schien, ihn nicht

nur zu töten, sondern auch Alleinherrscher des Moores zu werden, wo Zottel geboren war. Der kleine Hase hatte kräftige, gewandte Läufe und vorzügliche Lungen, und sein Verfolger, weil fett und schwer, mußte die vergebliche Jagd bald aufgeben. Es war aber auch höchste Zeit für den armen Zottel, denn er fing an, infolge der Verwundung müde und steif zu werden.

Mit diesem Tag begann eine Schreckensherrschaft. Zottelohr wußte genau, was zu tun war, wenn er verfolgt wurde von Eulen, Hunden, Wieseln oder Menschen und anderen gefährlichen Räubern, aber wie er sich zu verhalten hatte, wenn ein anderer Hase ihm nachstellte, das wußte er nicht, denn seine ganze Kenntnis bestand im »Erstarren«, bis er aufgespürt war und sich dann auf seine gewandten Läufe zu verlassen.

Die arme, kleine Mutter befand sich vor Angst und Entsetzen in einem lähmenden Zustand, denn sie konnte ihrem Söhnchen nicht helfen und mußte sich darauf beschränken, im sicheren Versteck zu bleiben, aber der fette Eindringling fand auch sie. Sie versuchte ihm zu entfliehen, aber sie war jetzt nicht mehr so flink wie ihr Sprößling. Der Fremde machte keinen Versuch, sie zu töten, er machte ihr vielmehr Liebesanträge, und weil sie ihn haßte und ihm zu entschlüpfen versuchte, behandelte er sie geradezu schamlos. Tag für Tag ängstigte er sie durch seine Nachstellungen und oft, wütend gemacht durch ihre andauernde Abneigung und ihren Haß, schlug er sie nieder und zauste die Wolle aus ihrem weichen Fell, bis seine Wut gekühlt war und er sie eine Zeitlang in Ruhe ließ. Seine feste Absicht war, Zottelohr aus dem Leben zu schaffen, und ein Entwischen schien fast unmöglich. Es gab ja kein anderes Moor, wohin er hätte flüchten können, und wenn er einmal ein Schläfchen machte, mußte er jeden Moment bereit sein, um sein Leben zu rennen. Ein dutzendmal am Tag kam der dicke Wüterich zu der Stelle geschlichen, wo Zottel auszuruhen pflegte, aber jedesmal erwachte das Häschen zur rechten

Zeit, um zu entfliehen. Er rettete zwar das Leben, aber was für ein elendes Dasein war es geworden! Seine Hilflosigkeit und die Verfolgungen, denen seine arme, kleine Mutter täglich ausgesetzt war, brachten ihn zur Weißglut, und dabei mußte er ruhig mit ansehen, wie ihre beliebten Futterplätze, die vertrauten Eckchen und die Pfade, die sie mit soviel Mühe angelegt hatten, von diesem gehässigen, rohen Patron in Besitz genommen wurden. Der unglückliche Zottel wußte gut genug, daß er eines Tages dem Stärkeren das Feld zu räumen hatte, und er haßte ihn darum mehr als Fuchs oder Wiesel.

Zu welchem Ende sollte das führen? Zottelohr quälte sich ab mit endlosem Rennen, Wachen und schlechtem Futter, und der kleinen Mutter geistige und körperliche Kräfte brachen zusammen bei der fortwährenden Verfolgung und grausamen Behandlung. Der Fremdling hatte es sich nun einmal zum Ziel gesetzt, Zottel aus der Welt zu schaffen, und griff zuletzt zu einem Mittel, das unter den Hasen als das schwerste aller Verbrechen gilt. Angehörige dieser großen Familie mögen sich noch so sehr hassen, sie vergessen ihre Feindschaft, sobald ein gemeinsamer Feind auf der Bildfläche erscheint. Eines Tages nun, als ein großer Hühnerhabicht über dem Moor seine Kreise zog, versuchte der Gewissenlose, selbst stets in Deckung bleibend, Zottel mit allen Mitteln ins Freie zu treiben.

Ein- oder zweimal hatte ihn der Habicht beinahe im Genick, aber jedesmal boten ihm die wilden Rosensträucher sichere Deckung, und da der alte Hase beinahe selbst bei diesem gemeinen Spiel erwischt worden wäre, gab er es auf, und wieder einmal war Zottelohr frei, doch seine traurige Lebenslage änderte sich dadurch nicht. Ganz verzweifelt faßte er schließlich den Entschluß, wenn irgend möglich mit seiner Mutter in der nächsten Nacht die Heimat zu verlassen und auf der Suche nach einer neuen Heimat in die weite Welt hinaus-

zuwandern. Da passierte etwas: Zottelohr entdeckte den alten *Donner*, einen Hund, den er kannte, wie er sich schnüffelnd und suchend im Grenzgebiet des Moores herumtrieb, und er beschloß ein letztes, verzweifeltes Spiel zu wagen. Tollkühn kreuzte er des Hundes Weg, und die Jagd, die nun begann, war wild und aufregend. Dreimal um das Moor herum ging es, bis Zottel sicher war, daß seine Mutter im unauffindbaren Versteck saß und der verhaßte Feind im bekannten Nest. Geradewegs auf diesen Platz zu lenkte er seinen Verfolger und sprang in einem kühnen Satz über den Erzfeind hinweg, ihn dabei mit seinen Hinterläufen einen kräftigen Hieb versetzend.

»Du Lümmel, du«, schrie dieser, »jetzt erwische ich dich aber!« Auf sprang er, um mit Entsetzen zu entdecken, daß er sich zwischen Zottel und dem Hund befand und nun selbst das Ziel der Verfolgung war.

Geradewegs auf ihn zu kam der Hund mit wütendem Gebell. Des alten Hasen Gewicht und Größe nützten ihm im Kampf mit seinesgleichen, aber diesmal sollten sie sein Verderben sein. Nur einiger ganz plumper Kunstgriffe, der einfachsten Wendungen und Quersprünge, die jedes Hasenbaby in seiner frühsten Jugend lernt, wußte er sich zu bedienen, aber der Verfolger war viel zu nahe für derlei Tricks, und die schützenden Höhlen im Moor waren ihm unbekannt.

Es war eine Hetzjagd in schnurgerader Linie. Der Rosenbusch, der Freund aller Hasen, tat sein Bestes, aber es war zwecklos. Das heisere Bellen des Hundes kam schnell näher und näher, und wenn auch die Dornen bei jedem seiner Sprünge durch die knackenden Zweige seine zarten Ohren zerrissen, so kam er doch bald zu der Stelle, wo der Alte sich zitternd vor Angst und vollkommen außer Atem zusammengekauert hatte. Plötzlich war es totenstill, dann ein kurzes Handgemenge, ein durchdringendes, markerschütterndes Geschrei, und alles war vorüber.

Zottelohr wußte, was das bedeutete, und ein kalter Schauder kroch ihm den Rücken herab, doch bald war alles vergessen, und er war von neuem alleiniger und unumschränkter Herr in der alten, lieben Heimat.

8

Alt-Olifant hatte zweifellos seinen guten Grund, die Haufen dürrer Blätter und Äste, die im Osten und Süden des Moores herumlagen, wegzubrennen und damit den alten Stacheldrahtzaun unterhalb der Quelle freizulegen; aber es war nichtsdestoweniger ein harter Schlag für Zottelohr und seine Mutter. Die Reisighaufen waren lange Zeit ihre sicheren Wohnstätten und Festungen gewesen und der Stachelzaun ihre Ringmauer.

Sie waren eben schon so lange Bewohner des Moores und fühlten sich als dessen Besitzer bis in jede Ecke und das entfernteste Winkelchen – Olifants Haus und Anwesen eingeschlossen, daß sie gegen das Auftauchen eines fremden Hasen selbst im anschließenden Wirtschaftshof entrüstet ihr Veto eingelegt hätten. Ihr Rechtsanspruch auf das Moor war die natürliche Folge langen und glücklichen Besitzes und genau mit derselben Berechtigung, wie bei den meisten Völkern unserer Erde.

Als der Schnee schon im Januar etwas zu schmelzen begann, hatte sich Olifant daran gemacht, die letzten Veteranen des Hochwaldes, die um den Teich herumstanden, zu fällen und hatte damit das Besitztum der Hasen auf allen Seiten beschnitten und eingeschränkt, aber immer noch hielten sie fest an dem langsam schwindenden Revier, denn es war ja ihre Heimat, und sie waren nicht geneigt, in die Fremde auszuwandern. Ihr Leben mit seinen täglichen Aufregungen und Gefahren floß

dahin in altgewohnter Weise, aber immer noch waren sie flink-
füßig und gewitzt wie zuvor. Seit einiger Zeit wurden sie etwas in Unruhe versetzt durch eine Otter, die stromaufwärts gekommen war und es sich in ihrem stillen
Tal gemütlich machte, aber ein kleiner Kniff hatte
den unwillkommenen Besuch bald auf Olifants
Hühnerhaus aufmerksam gemacht. Sie waren
sich nicht ganz sicher, ob die Otter ihren bleiben-
den Wohnsitz dort aufgeschlagen habe und gaben
deshalb eine Zeitlang die Benutzung der Erdhöhlen
auf, denn diese waren zu gefährliche Fallen. Stattdes-
sen hielten sie sich an die Rosensträucher und Reisighaufen,
die übrig geblieben waren.

Der Winterschnee war ganz geschmolzen und das Wetter
sonnig und warm. Mutter Hase fühlte einen leichten Anflug
von Rheumatismus und war irgendwo im Unterholz beschäftigt, ein Heilkraut zu suchen, während Zottelohr sich auf einer
Böschung an der Ostseite sonnte. Der Rauch vom altbekannten
Schornstein von Olifants Haus kam in fantastischen Formen
durch das Holz gezogen und hob sich als ein düsteres Braun
gegen den klaren Himmel ab. Am sonnengoldenen Giebel hinauf schlangen sich Ranken von wilden Rosen, die im purpur-
tiefen Schatten feurigrot und wie Gold im Lichte schimmerten.
Der Stall hinterm Haus mit goldübergossenem Giebel und
Dach hob sich vom heiteren Himmel ab wie Noahs Arche.

Das geschäftige Geräusch, das der Wind herübertrug und
mehr noch der liebliche Duft, der mit dem Rauch herüberzog,
gab Zottelohr kund, daß Olifants Vieh gerade mit Kohlblättern
gefüttert wurde. Der Mund wurde ihm wäßrig beim Gedanken an dieses Göttermahl, und er blinzelte neidisch hinüber,
als diese verheißungsvollen Gerüche ihm in die Nase zogen,
denn Kohl war sein Leibgericht. Aber er war gerade in der
vorhergehenden Nacht zum Kleefressen im Hof gewesen, und

kein kluger Hase kehrt zwei Nächte hintereinander an denselben Futterplatz zurück.

Deshalb tat er das Klügste, was er tun konnte, er lief soweit, bis er den verführerischen Duft des Kohls nicht mehr riechen konnte und wählte sich ein Bündel Heu zum Abendbrot, das der Wind von einem Schober heruntergeblasen hatte. Später, als er sich zur Ruhe begeben wollte, gesellte sich auch die Mutter zu ihm, die erst ihre Arznei eingenommen hatte und dann ein frugales Mahl von süßen Birken-Blättern an der Sonnenbank.

Mittlerweile hatte sich die Sonne davongemacht, um anderswo ihren Geschäften nachzugehen, und all ihr strahlendes Gold hatte sie mit sich genommen. Drüben im Osten schob sich ein dicker, schwarzer Vorhang empor und verdunkelte langsam höher und höher steigend den ganzen Himmel, verbarg sorgfältig alles Licht und ließ die Welt in ihrer ganzen traurigen Dunkelheit und Öde zurück. Dann erschien, die Abwesenheit der Sonne schlau ausnützend, ein Unheilstifter und begann Aufruhr zu verbreiten – der Wind. Die Luft wurde kälter und kälter, und es war unbehaglicher, als wenn die Erde noch mit Schnee bedeckt gewesen wäre.

»Es ist aber ungemütlich kalt heute abend«, sagte Zottel, »wenn wir doch unseren alten Reisighaufen noch hätten.« »Ja, ja«, erwiderte die Mutter, »das wäre eine Nacht in unserer Höhle unter der Fichtenwurzel, aber da wir nicht wissen, ob die Otter sich noch in der Gegend herumtreibt, ist es nicht sicher dort.«

Der ausgehöhlte Walnußstamm war verschwunden – tatsächlich beherbergte er zur Zeit, von der wir reden, auf einem Holzhaufen in der Ecke des Wirtschaftshofes liegend die Otter, welche unsere Hasen deshalb ohne Grund fürchteten. Zottel und seine Mutter begaben sich schließlich an die Südseite des Teiches und einen Reisighaufen zum Nachtquartier erwählend, krochen sie darunter und ließen sich für die Nacht häuslich nieder. Ihre Nasen richteten sie gegen den Wind, jedoch in verschiedenen Richtungen, so daß sie im Fall einer nächtlichen Störung entfliehen konnten. Der Sturm blies schärfer und kälter, als die Stunden dahinschwanden, und um Mitternacht begann ein feiner, eisiger Schnee in den dürren Blättern zu rasseln und durch die kahlen Zweige sich einen Weg zu bahnen. Es schien eine ungünstige Nacht für Jagdabenteuer, aber der alte Fuchs von Springfield zog los. Gerade mit dem Winde kam er daher im Schutze des Dickichts, und, das Unglück wollte es, genau in Richtung auf den Reisighaufen zu, wo er sofort die schlafenden Hasen witterte. Einen Moment blieb er stehen, dann kam er langsam und kriechend auf den Haufen zu, unter welchem er Mutter und Sohn nun sicher zu haben glaubte. Das Geräusch des Windes ermöglichte es ihm, ganz dicht heranzukommen, bis die Mutter vom leisen Rascheln eines trockenen Blattes unter seinem tastenden Tritt erwachte. Sofort berührte sie Zottelohrs Schnurrhaare, und beide waren hellwach, gerade als der Feind sich zum Sprung anschickte. Der alte Schlaukopf hatte nicht damit gerechnet, daß die Hasen immer mit ihren Läufen zum Sprung bereit schlafen, denn sofort flogen sie hinaus in den wütenden Sturm. Der Fuchs verfehlte die Mutter zwar bei seinem Sprung, er nahm jedoch ihre Verfolgung auf, während Zottel in die entgegengesetzte Richtung entfloh.

Es gab nur einen Weg für die Häsin, gerade gegen den Wind und ums Leben galoppierend, gewann sie einen kleinen Vorsprung, indem sie den Sumpf kreuzte, der den Fuchs nicht trug, bis sie am Ufer des Teiches stand. Da gab es keine Wahl mehr, vorwärts mußte sie.

Plitzsch, platzsch, ging es durch das hohe Schilf und dann mit einem Satz ins tiefe Wasser.

Hinterdrein sprang auch der Fuchs, aber das Wasser war doch etwas zu frisch für Reineke, und er kehrte wieder um. Die

Häsin, der nur ein Weg frei blieb, arbeitete sich durch das Schilf ins offene Wasser und holte kräftig aus, um das andere Ufer zu erreichen, aber sie hatte mit einem starken Gegenwind zu kämpfen, die kurzen Wellen schlugen eisigkalt über ihrem Kopfe zusammen, und das Wasser war voll Schnee, der ihr den Weg versperrte wie Treibeis. Die dunkle Linie des rettenden Ufers schien sich weiter und weiter zu entfernen, und wer konnte es wissen, möglicherweise lag der gierige Fuchs dort drüben auf der Lauer.

Sie legte die Ohren flach an, um dem Wind möglichst wenig Widerstand zu bieten und schwamm rascher vorwärts gegen Sturm und Flut. Nach einer langen, mühseligen Reise durch das kalte Wasser hatte sie beinahe das Schilf des anderen Ufers erreicht, als eine kompakte Masse treibenden Schnees ihr den Weg versperrte. Der Wind auf der nahen Uferbank machte ein unheimliches Geräusch, das dem Heulen des hungrigen Fuchses ähnlich klang und raubte ihr allen Mut und alle Kraft, und sie wurde weit zurückgetrieben, ehe sie sich von dem treibenden Hindernis frei machen konnte.

Wieder holte sie aus, doch langsam – immer langsamer, und als sie schließlich den Schutz des hohen Schilfs erreichte, waren ihre Glieder erstarrt, ihre letzte Kraft verbraucht, ihr tapferes, kleines Herz begann zu sinken, und es war ihr ganz gleich, ob der Fuchs auf sie wartete oder nicht. Durch das Schilf kam sie noch glücklich durch, aber mitten zwischen den tückischen Ranken der Schlinggewächse fing sie an, unsicher zu werden, ihre schwachen Stöße brachten sie nicht länger vorwärts, und das Eis, das sich um sie herum auftürmte, machte ihr ein Vorwärtskommen ganz unmöglich. Die erstarrten Glieder versagten den Dienst, die kleine flaumbedeckte Nase wackelte nicht mehr nervös hin und her, und die treuen, braunen Augen schlossen sich zum ewigen Schlaf. Da wartete kein Fuchs, um sie mit gierigen Zähnen zu zerreißen.

Zottelohr war dem ersten Ansprung des Verfolgers entflohen, und als er sich wieder etwas vom Schreck erholt hatte, kam er zurückgelaufen, um den Erzfeind irrezuleiten und damit der armen Mutter zu helfen. Er traf den alten Fuchs auf dem Weg zur anderen Seite des Teiches, lockte ihn weit weg und ließ ihn mit einer blutenden Kopfwunde am Stacheldrahtzaun zurück. Dann kam er zum Ufer, suchte und schnüffelte umher und klopfte, aber all sein Suchen war vergeblich, die kleine Mutter war nirgends zu finden. Er sah sie niemals wieder, und niemand konnte ihm Auskunft geben, wohin sie gegangen war, denn sie schlief den letzten Schlaf in den eisigen Armen ihres Freundes, des Wassers, das nichts ausplaudert.

Arme, kleine Mutter! Eine wahre Heldin war sie gewesen, doch nur eine von den ungezählten Tausenden, die ohne einen Anspruch auf Heldentum dahinleben und ihr Bestes tun in ihrer kleinen Welt und davongehen ohne Ruhm. Sie war eine tapfere Streiterin im Kampf ums Dasein und von dem Schlag, der niemals ausstirbt, denn Fleisch von ihrem Fleisch und Geist von ihrem Geist war Zottelohr, sie lebte in ihm weiter.

Zottel haust noch im Moor. Olifant starb im selben Winter, und seine mißratenen Nachkommen ließen das Moor mit seinen Stachelzäunen verwildern. In einem einzigen Jahr verwandelte es sich in eine undurchdringliche Wildnis, neue Bäumchen und Dornensträucher wuchsen und zerrissene Stacheldrähte bildeten zahllose Zwingburgen und Schlupfwinkel, die Hunde und Füchse nicht zu stürmen wagten. Und dort lebt Zottelohr noch heute. Er ist ein großer, starker Hase geworden und fürchtet keinen Nebenbuhler, eine zahlreiche Familie nennt er sein eigen und ein hübsches, braunes Weibchen, das er sich holte, ich weiß nicht woher. Dort werden er und seine Kindeskinder gewiß noch viele Jahre hausen, und dort kann man sie an sonnigen Abenden beobachten, wenn man ihre Signale kennt und sie richtig zu deuten weiß.

Lobo

Der König von Currumpaw

1

Currumpaw ist eine unermeßlich große Rinderfarm im nördlichen Neu-Mexiko, ein Land mit saftigen, grünen Weiden, bevölkert mit kräftigen, fruchtbaren Herden und durchquert von frisch dahineilenden Bächen, die sich schließlich zum Currumpaw-Fluß vereinigen, nach welchem die Gegend benannt ist. Und der Herrscher, vor dessen tyrannischer Macht das ganze Land zitterte, war ein alter Grau-Wolf.

Alt-Lobo, oder der König, wie die Mexikaner ihn zu nennen pflegten, war der gigantische Führer eines berüchtigten Rudels von Grau-Wölfen, jahrelang der Schrecken des Currumpaw-Tals. Hirten und Farmer kannten ihn nur zu gut, und wo immer er erschien mit seinen Getreuen, erfaßte Entsetzen die Herden, ohnmächtige Wut und Verzweiflung deren Besitzer. Alt-Lobo war ein Riese unter seinesgleichen, und Schlauheit und Stärke standen im Verhältnis zu seiner Größe. Seine gebieterische Stimme war, wenn sie nachts erschallte, wohlbekannt und leicht zu unterscheiden von denen seines Gefolges. Ein gewöhnlicher Wolf konnte die halbe Nacht nahe der Hirten-Lager heulen, ohne mehr als momentane Aufmerksamkeit zu erregen, doch wenn das tiefe, grollende Brüllen des alten Königs das Tal herabbrauste, dann mußte der Lauscher darauf gefaßt sein, am anderen Morgen von neuen blutigen Einbrüchen in die Herden zu hören.

Alt-Lobos Bande war nur klein, eine Tatsache, die ich niemals ganz verstehen konnte, denn wenn ein Wolf sich erhebt zu der Stellung und Macht Lobos, so zieht er gewöhnlich ein großes Gefolge mit sich. Es mag sein, daß er so viele um sich hatte, wie er wünschte, oder vielleicht verhinderte sein wildes Temperament ein Anwachsen des Rudels. Sicher ist, daß gegen Ende seiner Regierung das Gefolge nur fünf Köpfe zählte. Immerhin war jeder ein Wolf von Ruf, der seinesgleichen an Gestalt überragte, besonders der zweite in der Truppe, ein wahrhafter Riese, aber selbst er stand weit hinter seinem Führer an Größe und Tapferkeit zurück. Noch verschiedene andere Mitglieder der Bande stachen besonders hervor, darunter eine schöne, weiße Wölfin, von den Mexikanern Blanca genannt, wahrscheinlich Lobos Geliebte. Auch ein gelber Wolf von hervorragender Geschwindigkeit war dabei, der nach umlaufenden Gerüchten verschiedene Male eine schnellfüßige Antilope für das Rudel überholte und fing.

Oft wurden die Bestien von Rinder- und Schafhirten gesehen, und fast Unglaubliches wurde über sie berichtet. Ihr Leben war eng verknüpft mit dem der Viehzüchter, die sie nur zu gern aus der Welt geschafft hätten, und da war nicht ein einziger am Currumpaw, der nicht bereitwilligst den Erlös einer beträchtlichen Anzahl Stiere für den Skalp Lobos hingegeben hätte. Doch das Leben der Wölfe schien unantastbar, sie entwischten jedem noch so listigen Anschlag, verhöhnten die Jäger, verachteten Fallen und Gifte und forderten fast fünf Jahre lang von den Currumpaw-Züchtern ihren Tribut, d. h. jeden Tag mindestens eine Kuh.

Nach dieser Schätzung zerriß das Rudel mehr als 2000 Stück der besten Zucht, denn nur das Allerbeste befriedigte ihre Gier.

Der uralte Volksglaube, daß der Wolf sich stets im Zustand des Verhungerns befände, war bei dieser Bande Freischärler weit entfernt von der Wahrheit. Sie waren wohlgenährt und fett und höchst wählerisch in ihrer Nahrung. Ein Tier, das eines natürlichen Todes gestorben war oder an einer ansteckenden Krankheit litt, verschmähten sie und ließen es ruhig liegen. Gewöhnlich bestand ihre Mahlzeit aus den zartesten Stücken eines Einjährigen, während sie einen alten Bullen oder eine alte Kuh nicht berührten. Auch Hammelfleisch war nicht nach ihrem Geschmack, obwohl sie sich oft damit vergnügten, die Schafherden aus purer Mordlust zu dezimieren. So erwürgten Blanca und der gelbe Wolf in einer Novembernacht des Jahres 1893 275 Schafe, offenbar nur aus Lust zum Töten, denn sie fraßen nicht einen einzigen Bissen vom Fleisch ihrer Opfer.

Dieses Beispiel beweist die Mordlust dieser Räuberbande zur Genüge. Jedes Jahr wurden unzählige neue Mittel zu ihrer Ausrottung vorgeschlagen und versucht, jedoch lebten und mordeten sie ruhig weiter, den eifrigen Bemühungen ihrer Verfolger zum Trotz. Eine hohe Prämie war auf Lobos Kopf ausgesetzt und giftige Köder wurden ausgelegt in allen erdenklichen Formen und Arten, doch Lobo durchschaute die Pläne. Nur eins fürchtete er, das waren Feuerwaffen. Da er wohl wußte, daß jedermann in dieser Gegend solche mit sich führte, griff er nie ein menschliches Wesen an, und es war die Taktik der Bestien, sofort zu fliehen, wenn sie zur Tageszeit einen Menschen auch in noch so weiter Entfernung entdeckten. In zahllosen Fällen rettete Lobos große Vorsicht das Leben seiner Gefolgschaft, denn er ließ sie nur das fressen, was sie selbst getötet hatten, und die Feinheit seines Geruchssinnes, mit der er die Berührung menschlicher Hände oder Gift sofort entdeckte, machte sie gefeit gegen alle Nachstellungen.

Eines Tages vernahm ein Kuhhirt den berüchtigten Kriegsruf des Königs, und Schritt für Schritt sich nähernd, fand er in einer Talniederung die mörderische Truppe, die eben eine

Ernest Seton-Thompson

kleine Rinderherde umzingelt hatte. Lobo saß seitlich auf einem Erdhügel, während Blanca mit den übrigen sich bemühte, das auserwählte Opfer, eine junge Kuh, von der Herde abzusondern. Aber die Rinder standen in einer dichtgeschlossenen Gruppe und präsentierten ihren Angreifern eine Schutzwehr starker und spitzer Hörner, die nur unterbrochen wurde, wenn eine Kuh entsetzt durch einen Angriff der Wölfe zur Mitte zurückzuweichen versuchte. Dieser Umstand ermöglichte es den Wölfen, die dem Tod Geweihte zwar zu verwunden, aber nicht kampfunfähig zu machen. Lobo schien die Geduld zu verlieren, denn er verließ plötzlich seinen Posten auf dem Hügel, und ein tiefes Gebrüll ausstoßend, raste er auf die Herde los. Die entsetzten Rinder stoben vor diesem Angriff auseinander wie die Sprengstücke einer geplatzten Granate, und Lobo sprang mitten unter sie. Das Schlachtopfer floh, vom Werwolf verfolgt. Kurz darauf saß er ihm im Genick, biß sich dort fest, und riß es plötzlich mit aller Kraft zurück und brachte es so zu Fall. Der Ruck mußte furchtbar gewesen sein, denn die Kuh überschlug sich, Lobo dabei mit sich reißend. Der Riese erholte sich jedoch sofort von dem Sturz, sein Gefolge fiel über das arme Tier her und zerriß es in wenigen Sekunden. Der Alte beteiligte sich nicht an dieser Schlächterarbeit – nachdem er die Kuh niedergeworfen hatte, ließ er sich wieder auf seinem Beobachtungsposten nieder und schien zu sagen: »Warum konnte einer von euch das nicht längst getan haben, ohne so viel kostbare Zeit zu verschwenden?«

Der Kuhhirt ritt, seinen Revolver abfeuernd, heran, und die Wölfe suchten wie gewöhnlich ihr Heil in schneller Flucht. Er vergiftete den Kadaver an drei verschiedenen Stellen mit Strychnin und verließ den Schauplatz des Kampfes, wohl wissend, daß die Bande zum Schauplatz zurückkehren würde, da sie das Tier ja selbst getötet hatten. Aber am nächsten Morgen, als er nach den erhofften Opfern Ausschau hielt, fand er, daß die Wölfe die Kuh zwar verschlungen, jedoch sorgfältig alle vergifteten Teile herausgerissen und zur Seite geworfen hatten.

Die Furcht vor diesem Riesenwolf wuchs von Jahr zu Jahr, und jährlich wurde ein größerer Preis auf seinen Kopf ausgesetzt, bis er die Summe von 1000 Dollar erreichte, gewiß eine nie dagewesene Prämie für einen Wolf. – Manch braver Mann wurde für weniger zu Tode gejagt. – Angelockt durch diese hohe Belohnung kam eines Tages ein Mann aus Texas, Tannery war sein Name, das Currumpaw-Tal heraufgesprengt. Er besaß eine unübertreffliche Ausrüstung für die Wolfsjagd, bestehend aus den modernsten Feuerwaffen und ausdauerndsten Pferden und einer Meute ungeheurer Wolfshunde. In den weiten Gefilden von Texas hatte er mit seinen Hunden viele Wölfe zur Strecke gebracht, und er zweifelte nicht daran, daß Alt-Lobos Skalp innerhalb weniger Tage an seinem Sattelknopf baumeln würde.

Auf machte sich die tapfere Schar, auf zur Jagd, hinein in die Morgendämmerung eines schönen Sommertages, und bald schon bellten die Rüden freudig, um zu melden, daß sie die Fährte ihrer Opfer schon gefunden hatten. Nach einem Ritt von zwei Meilen kam ihnen die graue Bande von Currumpaw zu Gesicht, und die Jagd begann spannend zu werden. Die Aufgabe der Wolfshunde bestand darin, die Wölfe aufzuhalten, bis der Jäger heranreiten und sie niederschießen konnte. Dies war gewöhnlich leicht getan in den weiten Ebenen von Texas, hier jedoch erschwerte eine fremde und ungünstig gestaltete Gegend das Unterfangen. Lobo hatte sein Revier klug gewählt, denn die felsigen Seitentäler des Currumpaw und ihre Ausläufer durchschnitten die Prärie in alle Richtungen. Die Gefahr sofort überblickend, beeilte sich der alte Wolf, einen dieser Einschnitte zu erreichen, womit er sich der Hunde entledigte. Sein Rudel zerstreute sich und damit auch ihre Verfol-

ger, und als sich die Wölfe in der Ferne wieder vereinigten, waren die Hunde bedeutend in der Minderzahl. Die Grauröcke wendeten sich nun zum Angriff und zerrissen oder verwundeten die Rüden nach kurzem Kampf. Als Tannery am Abend seine Meute musterte, waren nur sechs zurückgekehrt, und zwei davon waren bis zur Unbrauchbarkeit verstümmelt. Derselbe Jäger machte noch zwei weitere Versuche, den königlichen Skalp zu erbeuten, jedoch genauso erfolglos wie das erste Mal, und bei der letzten Jagd stürzte sein bestes Pferd und brach sich das Genick. Dies war Tannerys letzter Versuch, erbittert und entmutigt gab er die Jagd auf und kehrte zurück nach Texas, Lobo als unumschränkten Herrscher zurücklassend.

Im nächsten Jahr tauchten zwei andere Jäger auf und zwar mit dem unumstößlichen Entschluß, die ausgesetzte Prämie zu erringen. Jeder von ihnen war sicher, er würde den berüchtigten Wolf vernichten, der eine mit Hilfe eines neu entdeckten Giftes, der andere, ein Kanadier französischer Abstammung, durch Gift in Verbindung mit gewissen Zauberformeln und Amuletten, denn er hielt Lobo für einen richtigen Teufelswolf, den man nicht mit gewöhnlichen Mitteln aus der Welt schaffen könne. Aber weder die schlau ausgesetzten Giftköder, noch die wunderkräftigen Amulette und Beschwörungsformeln hatten irgendeinen Erfolg gegen den grauen Verwüster. Er machte seine wöchentlichen Rundreisen, hielt seien Mordorgien ab wie zuvor, und als einige Wochen ins Land gegangen waren, gaben Calone und Laloche die erfolglose Jagd verzweifelt auf und versuchten ihr Glück anderswo.

Im Frühjahr 1893 machte Joe Calone nach seinem erfolglosen Versuch, Lobo zu übertölpeln, eine Erfahrung, die erniedrigend für ihn war und die bewies, daß der Alte vom Berg seine Nachsteller einfach verachtete und einen unfehlbaren Glauben an sich selbst besaß. Calones Farm lag an einem kleinen

Nebenfluß des Currumpaw in einem malerischen Tal, und höchstens einen guten Kilometer vom Haus entfernt hatten Lobo und seine Gattin ihr Heim errichtet. Hier lebten sie den ganzen Sommer und wüsteten unter Joes Schafen und Rindern, allen seinen Nachstellungen zum Trotz, und verbrachten ihre Tage im Frieden des höhlenreichen Tals. Joe zermartete vergeblich sein Hirn nach irgendeinem Mittel, um das Rudel auszuräuchern, oder vielleicht mit Dynamit in die Luft zu sprengen. Immer entkamen sie unversehrt und setzten ihre Raubzüge fort wie zuvor. »Dort drüben hausten sie letzten Sommer«, erzählte mir Joe, auf einen alleinstehenden Felsen deutend, »und nichts konnte ich ihnen anhaben. Wie ein Narr stand ich da.«

2

Alle diese von den Kuhhirten gesammelten Berichte schienen mir fast unglaublich, bis ich schließlich im Herbst des Jahres 1893 die persönliche Bekanntschaft des schlauen Raubtiers machte und ihn am Ende gründlicher kennenlernte, als irgendein anderer. Vor Jahren, in den Tagen Bingos, war ich eifrig der Wolfsjagd nachgegangen, doch hatten mich später Beschäftigungen anderer Art an den Schreibtisch gefesselt. Eine Abwechslung schien mir dringend nötig, und als mich ein Freund, einer der Züchter am Currumpaw, bat, nach Neu-Mexiko zu kommen und mein Jagdglück zu versuchen, nahm ich die Einladung an, da ich vor Verlangen brannte, die persönliche Bekanntschaft der alten Bestie zu machen. In wenigen Tagen war ich mitten in den Tälern des Currumpaw. Die ersten Wochen durchstreifte ich die Gegend auf dem Pferd, um sie gründlich kennenzulernen, und oft zeigte mir mein Führer das

Skelett eines Rindes oder einer Kuh mit der Bemerkung: »Hier war Lobo!«

Bald wußte ich, daß in dieser zerklüfteten Gegend an eine Verfolgung Lobos mit Hund und Pferd einfach nicht zu denken war, und daß man nur mit Giften und Fallen versuchen könne, ihm beizukommen. Da zur Zeit keine Fallen der nötigen Größe zur Hand waren, begann ich mein Werk mit Gift.

Es sei mir erlassen, näher auf die Einzelheiten von Hunderten von Versuchen einzugehen, mit denen ich diesen Teufelswolf zu erwischen hoffte. Es gab wohl keine Verbindung von Strychnin, Arsen, Cyankali und Blausäure, die ich nicht versuchte, und es gab wohl keine Sorte Fleisch, die ich nicht als Köder auslegte, aber Tag für Tag, wenn ich hinausritt, um endlich einen Erfolg festzustellen, fand ich, daß alle Bemühungen vergeblich gewesen waren. Der alte König schien eben zu schlau für mich zu sein, und ein einziges Beispiel wird seinen Scharfsinn beweisen. Dem Rat eines alten Fallenstellers folgend, zerließ ich ein Stück Käse zusammen mit dem Nierenfett eines frischgeschlachteten Rindes, verkochte die Mischung in einem Porzellannapf und schnitt sie mit einem knöchernen Messer, um auch den leisesten Geschmack oder Geruch von Metall zu vermeiden, in Stücke. Dann machte ich in die Klumpen auf jede Seite ein Loch und füllte diese mit einer Mischung von Strychnin und Cyankali, die in geruchsdichte Kapseln eingeschlossen war. Zum Schluß verschloß ich die Löcher wieder mit Käse. Während dieser Vorbereitungen trug ich Handschuhe, die ich in das warme Blut des Rindes getaucht hatte, und als alles fertig war, wickelte ich die Köder in die bluttriefende Haut und ritt aus, die Leber und Nieren des Rindes an einer Leine hinterher schleifend. Dann beschrieb ich einen Bogen von zehn Meilen und ließ alle Viertelmeile einen Köder fallen, wobei ich eine Berührung mit meinen Händen sorgfältig vermied.

Lobo pflegte am Anfang jeder Woche in diese Gegend zu kommen und trieb sich, wie man annahm, die übrigen Tage am Fuße der Sierra Grande herum. Es war an einem Montag; am Abend beim Schlafengehen vernahm ich das tiefe Baßgeheul seiner Majestät, und mein Herz schlug in freudiger Spannung.

Früh am nächsten Morgen ritt ich aus in der sicheren Hoffnung, dicht vor dem langersehnten Erfolg zu stehen, und bald kam ich auf die frische Fährte des frechen Räubergesindels mit Lobo an der Spitze, dessen Fußstapfen mit den furchtbaren Klaueneindrücken leicht von den übrigen zu unterscheiden waren. Die Bande hatte meine Köder gefunden, und ich konnte erkennen, wie Lobo sich an den ersten Köder herangemacht, ihn beschnuppert und schließlich gefressen hatte.

Nun ließ sich meine Freude nicht mehr verbergen: »Hab ich dich endlich«, rief ich aus und sprengte vorwärts, meine Augen begierig auf die große, breite Spur im Staub geheftet. Sie führte mich zum zweiten Köder, und auch dieser war verschwunden. Die freudige Erregung, welche mich erfaßte, ist nicht zu beschreiben, denn nun hatte ich ihn sicher und mit ihm wahrscheinlich mehrere seines Rudels. Aber immer noch sah ich den furchtbaren Kralleneindruck vor mir im Sand, und obwohl ich mich im Steigbügel aufrichtete, um die weite Fläche besser überschauen zu können, entdeckte ich nichts, was einem toten Wolf ähnlich sah. Wieder nahm ich die Verfolgung auf und fand, daß auch der dritte Köder fort war und die Spur des Königs aller Wölfe zu dem vierten führte. Dort jedoch kam ich zu der niederschmetternden Erkenntnis, daß er keinen der Köder wirklich verschlungen hatte, sondern sie einfach im Maul mitgenommen, auf einen Haufen geworfen und mit Schmutz bedeckt hatte, um mir zu sagen, wie sehr er meine Nachstellungen verachte. Dann hatte er meine Spur verlassen und seine Tagesarbeit an der Spitze seiner Getreuen begonnen.

Dies war nur eine von den Erfahrungen, die mich zu der Überzeugung brachten, daß der Räuber mit Gift niemals aus der Welt zu schaffen war. Obgleich ich fortfuhr, es anzuwenden, während ich die Ankunft der Fallen erwartete, tat ich es nur, weil es sich als sicheres Mittel bewährte, eine beträchtliche Anzahl Präriewölfe und anderes Raubgesindel damit unschädlich zu machen.

Ungefähr um dieselbe Zeit ereignete sich ein anderer Zwischenfall, der Lobos ganze teuflische Schlauheit ans Licht brachte. Das Rudel zerfetzte Schafe ausschließlich zum Vergnügen, denn ihren verwöhnten Zungen schienen die friedlichen Vierbeiner nicht zu behagen. Man hält die Schafe im Westen gewöhnlich in Herden von tausend bis dreitausend Stück mit einem oder mehreren Hirten zum Schutz. Nachts treibt man sie an geschützten Plätzen zusammen, und auf jeder Seite der Herde schläft zur Bewachung einer der Hirten. Nun sind bekanntlich die Schafe so ängstlich, daß sie durch die geringste Kleinigkeit in Todesangst versetzt werden, aber noch stärker ist der Trieb, mit dem sie ihrem Leittier folgen. Dies benutzend,  pflegen die Hirten ein halbes Dutzend Ziegenböcke unter die Herde zu verteilen. Die Schafe erkennen die höhere Intelligenz ihrer bärtigen Vettern an, und bei nächtlichem Alarm drängen sie sich dicht um sie herum. Auf diese Weise werden die Herden meistens von einer allgemeinen Panik bewahrt und sind leichter zusammenzuhalten. Aber nicht immer ist dies der Fall. Eines Nachts spät im November wurden zwei Perico-Hirten durch einen Angriff der Wölfe aufgeschreckt. Ihre Herden drängten sich um die Böcke, die tapfer auf ihrem Platz blieben. Doch war es kein gewöhnlicher Wolf, der den Angriff leitete. Alt-Lobo, der Werwolf, wußte ebensogut wie die Hirten, daß die Böcke die Stütze der Herde bildeten, und gewandt über die Rücken der dichtgedrängten Schafe hinwegspringend, fiel er die Leittiere an, tötete sie alle in wenigen Minuten und hatte bald die ganze Schafherde in hundert verschiedene Richtungen zerstreut. Noch vier Wochen später wurde ich fast täglich von irgendeinem ratlosen Hirten angehalten, der mich fragte, ob ich nicht vor kurzem ein verirrtes Schaf mit dem Brandzeichen der Herde gesehen hätte, und meistens mußte ich es bestätigen. Einmal hatte ich fünf oder sechs gerissene Schafe nahe der Diamantquellen gesehen und ein anderes Mal einen kleinen Trupp, der das Malpai-Tal hinauftrottete, und Juan Meira fand vierzig frisch gerissene Tiere am Fuße des Monte Cedra.

Endlich kamen auch die Wolfsfallen an, und mit zwei Gehilfen arbeitete ich eine volle Woche, um sie wirkungsvoll auszulegen. Wir scheuten weder Mühe noch Arbeit, und ich wendete alle Mühe auf, den Erfolg zu sichern. Am zweiten Tag, nachdem wir die Fallen ausgelegt hatten, machte ich mich auf, um unsere Vorbereitungen noch einmal zu prüfen, und bald fand ich Lobos Spur, die von Falle zu Falle führte. Im Sand konnte ich die ganze Geschichte seines nächtlichen Rundgangs lesen. Er war im Dunkeln dahingetrottet, und obwohl die Fallen sorgfältig vergraben waren, hatte er die erste sofort entdeckt. Seinem Rudel Halt gebietend, hatte er vorsichtig um das Eisen herumgescharrt, bis er die ganze Falle mit der Kette und mit dem daranhängenden Holzklotz offengelegt hatte.

In derselben Weise behandelte er auch die übrigen. Dabei hatte er, wie ich entdeckte, des öfteren angehalten und sich zur Seite gewendet, sobald er irgend etwas Außergewöhnliches abseits vom Weg wahrnahm. Auf dieser Beobachtung baute ich einen neuen Plan auf. Ich setzte die Fallen in der Form eines H aus, d. h. eine Reihe auf jeder Seite des Weges und in der Mitte eine als Querriegel. Es währte nicht lange, und meine Erfahrungen waren um eine neue bereichert, Lobo war den Pfad herabgekommen und war mitten zwischen den Fallen gewe-

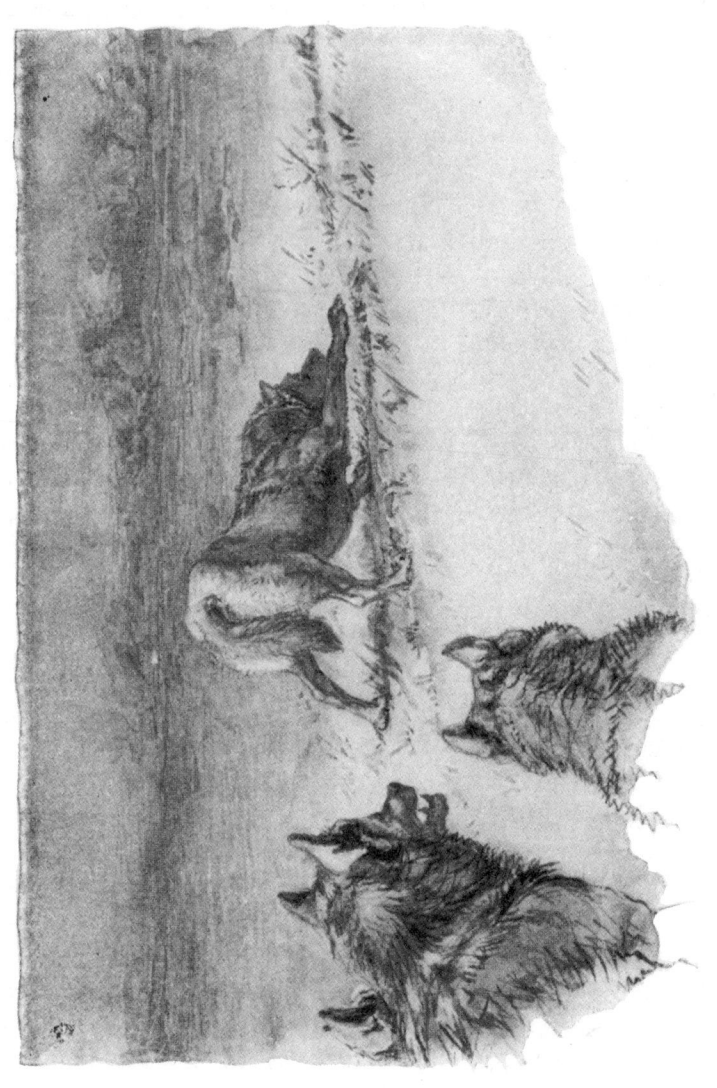

sen, ehe er die einzelne Falle in der Mitte entdeckte, aber noch dicht davor hatte er angehalten. Woher und wie er es wußte, kann ich nicht sagen, sein Schutzengel mußte bei ihm gewesen sein, denn er hatte sich weder zur Rechten noch zur Linken gewandt, sondern war rückwärts, genau in seine alten Fußstapfen tretend, zurückgewichen, bis er außerhalb der gefährlichen Linien war. Dann hatte er sich von außen herangemacht und die Fallen mit seinen Hinterläufen mit Erdklumpen und Steinen beworfen, bis alle Federn zugeschnappt waren. Genauso verfuhr er auch später, und obgleich ich meine Methoden ständig änderte und meine Vorsicht verdoppelte, war er einfach nicht zu übertölpeln. Sein scharfer Spürsinn schien ihn nicht eine Sekunde zu verlassen, und er würde wohl noch heute sein Unwesen treiben, hätte nicht eine unglückliche Verbindung seinen Untergang herbeigeführt und seinen Namen der langen Liste von Helden angefügt, die, allein unüberwindlich, durch die Unvorsichtigkeit eines ihrer Getreuen gefallen sind.

3

Ein- oder zweimal fand ich Beweise, daß unter den Currumpaw-Wölfen nicht mehr alles beim alten zu sein schien; ich entdeckte sichere Zeichen von Unbotmäßigkeit und Ungehorsam. Die Fußspur eines kleinen Wolfes zeichnete sich klar ab von den übrigen und war des öfteren dem Führer weit voraus. Dies konnte ich nicht begreifen, bis ein Hirte eine Bemerkung fallen ließ, welche die Sache aufklärte.

»Ich sah das Rudel heute morgen«, meinte er, »und die Ungehorsame, welche immer vorausläuft, ist Blanca.« Da dämmerte es mir. Blanca, die *Wölfin*, durfte sich derartige eigenmächtige Handlungen erlauben, während ein Wolf von seinem Anführer sofort erwürgt worden wäre.

Diese Tatsache ließ einen neuen Plan in mir reifen. Ich schlachtete ein Kalb und legte einige Fallen ziemlich auffällig bei dem Kadaver aus. Dann schnitt ich den Kopf ab, dem ein Wolf als Abfall keine Beachtung zu schenken pflegt und warf ihn beiseite, vergrub aber rund herum sechs der stärksten Stahlfallen und bedeckte sie sorgfältig. Zu diesen Vorbereitungen beschmierte ich meine Hände, Stiefeln und Werkzeuge mit frischen Blut und begoß auch den Erdboden so, als ob es aus der Halsschlagader des Schlachtopfers geflossen wäre. Als dann alles in Ordnung war, schleifte ich das Fell eines Präriewolfs einige Male über die Stelle und machte mit einer Tatze desselben eine Anzahl von Fußspuren über den Fallen. Der Kopf war so gelegt, daß zwischen ihm und einigen Büschen ein schmaler Gang blieb, dort vergrub ich zwei meiner besten Fallen und befestigte sie direkt an den Hörnern.

Die Wölfe haben die Gewohnheit, jeden Kadaver zu untersuchen, von dem sie Wind bekommen, selbst dann, wenn sie nicht die Absicht haben, davon zu fressen. Auf diesen Umstand hatte ich meinen Plan aufgebaut und hoffte, daß die Currumpaw-Bande sich dem Kadaver nähern würde. Zwar zweifelte ich keinen Augenblick, daß Lobo sofort die Fallen neben dem Fleisch entdecken und sein Gefolge davon zurückhalten würde, aber ich setzte große Hoffnungen auf das Haupt, denn es machte ganz den Eindruck, als wäre es nutzlos beiseite geworfen worden.

Am nächsten Morgen ritt ich aus, um die Fallen zu untersuchen, und wer beschreibt meine Freude, da waren die Fußspuren der ganzen Bande, und der Platz wo der Kopf mit seinen Fallen gelegen war, war leer. Eine hastige Untersuchung der Fährte zeigte, daß Lobo die Wölfe von dem Fleisch zurückgetrieben hatte, aber ein kleiner Wolf war seitwärts gelaufen, um den Kopf näher zu untersuchen und mitten in eine der Fallen hineingeraten.

Wir nahmen die Fährte auf und erblickten nach einem Ritt von gut einem Kilometer den unglücklichen Wolf – Blanca. Davon lief sie im Galopp, und obwohl behindert durch den Kopf, der über dreißig Pfund wog, war sie bald außer Sichtweite meines Gefährten, welcher zu Fuß folgte. Wir jedoch überholten sie, als sie zwischen den Felsen angelangt war, denn die Hörner des Kopfes hatten sich fest verfangen. Blanca war die prächtigste Wölfin, die ich jemals gesehen hatte, ihr Fell war weich und dicht und nahezu weiß.

Sie nahm eine Verteidigungsstellung ein, und ihre Stimme zum Kriegsschrei erhebend, sandte sie ein furchtbares Geheul das Tal hinauf. Weit aus der Ferne kam eine tiefrollende Antwort – der Ruf Alt-Lobos. Das war ihr letzter Schrei, denn inzwischen waren wir herangekommen, und sie mußte alle ihre Kraft und Aufmerksamkeit der Verteidigung zuwenden.

Es folgten grausame Momente. Wir warfen jeder unser Lasso über den Hals der zum Tode verurteilten Wölfin, und unsere Pferde in entgegengesetzte Richtungen anspornend, zogen wir die Leinen straff, bis Blanca das Blut aus dem Maul troff, ihre Augen hervorquollen, ihre Glieder erstarrten und sie tot zu Boden fiel. Dann ritten wir heimwärts, die tote Wölfin mit uns schleifend, triumphierend über den harten Schlag, den wir Lobo zugefügt hatten.

Während der schrecklichen Hinrichtung und später auf dem Heimritt vernahmen wir in kurzen Zwischenräumen

das Geheul Lobos, der umherirrte auf der Suche nach Blanca. Er hatte sie nicht treulos verlassen, aber wohl wissend, daß er sie nicht mehr retten konnte, hatte ihn seine eingefleischte Furcht vor Feuerwaffen davongetrieben, als er uns herannahen sah. Den ganzen langen Tag hörten wir ihn wehklagen bei seiner vergeblichen Suche, und mir wurde nun klar, die Gesuchte war seine Geliebte gewesen.

Als die Sonne unterging, schien er näher zu kommen, in Richtung Tal, denn seine Stimme wurde immer deutlicher, und es lag ein nicht zu verkennender Klang von Trauer darin. Nicht länger war es der laute, gebieterische Schrei des Herrschers, sondern der gedehnte, klagende Ruf: »Blanca, Blanca!« Lobo war dem Platz, wo wir sie überwältigt hatten, nicht mehr fern, und schließlich schien er die Spur gefunden zu haben. Auf einmal ertönte ein herzzerreißender Schrei – er hatte die Stelle gefunden, wo wir Blanca getötet hatten. Sein Geheul ging uns ins Mark, und selbst die unempfindlichen Hirten meinten, sie hätten nie einen Wolf derartig klagen hören. Lobo mußte erkennen, was passiert war, denn der Erdboden an der Stelle, wo Blanca den Tod fand, war mit ihrem Blut befleckt.

Dann folgte er unserer Spur bis zum Farmhaus, ob in der Hoffnung *sie* dort zu finden, oder in der Absicht Rache zu nehmen, weiß ich nicht. Es war das letztere, was er fand, er überraschte unseren armen Hofhund außerhalb der Einzäunung und zerriß ihn in tausend Stücke, kaum fünfzig Meter vor unserer Tür. Allem Anschein nach war er allein gewesen in jener Nacht, denn ich fand am nächsten Morgen nur eine Fährte, und er war ziellos hin und her gelaufen, was ungewöhnlich für ihn war. Dies voraussehend, hatte ich eine größere Anzahl Fallen über die Prärie verstreut, und zwar mit Erfolg, denn er war tatsächlich in eine von diesen hineingetappt. Doch seine Stärke war so groß, daß er sich losgerissen und die Falle von sich geschleudert hatte.

Ich nahm an, daß er sich längere Zeit in der Nachbarschaft herumtreiben würde, um Blanca zu suchen, und ich wandte alle meine Energie auf, Lobo zu fangen, ehe er die Gegend verlassen hatte und so lange er noch in diesem ungewöhnlichen Gemütszustand war. Es wurde mir klar, daß ich mit Blancas Hinrichtung einen großen Fehler begangen hatte, denn hätte ich sie lebend als Köder benutzt, würde ich Lobo wohl in der zweiten Nacht gefangen haben.

Alle Fallen, die ich beschaffen konnte, raffte ich zusammen – 130 starke, stählerne Wolfsfallen – und plazierte sie zu viert in jeden Wildpfad, der in das Tal hinabführte. Jede dieser Fallen war an einen Holzklotz angekettet und jeder Klotz sorgfältig vergraben. Vor dem Eingraben stach ich den Rasen in Stücken heraus und sammelte die Erde in Decken, so daß kein Auge die Arbeit menschlicher Hände entdecken konnte, nachdem der Rasen wieder auf seinen alten Platz gelegt war. Als die Fallen verborgen waren, schleifte ich den Leichnam der armen Blanca rund um die Farm herum, und zum Schluß schnitt ich eine ihrer Tatzen ab und drückte Fußtritte über jede Falle. Alle mir bekannten Vorsichtsmaßregeln hielt ich dabei im Auge und zog mich zu später Stunde zurück, um den Erfolg abzuwarten.

Einmal während der Nacht glaubte ich Alt-Lobo zu vernehmen, doch ich war nicht ganz sicher. Am folgenden Morgen begann ich die Runde, aber die Dunkelheit überraschte mich wieder, ehe ich meinen Ritt durch das nördliche Tal vollendet hatte, und ich hatte nichts ausgerichtet. Beim Abendessen bemerkte einer der Hirten: »Heute morgen war eine ungewöhnliche Unruhe und Aufregung unter dem Vieh im Norden, möglicherweise hat sich dort etwas zugetragen.«

Der Nachmittag des nächsten Tages kam heran, als ich zu der erwähnten Stelle gelangte. Als ich näher kam, erhob sich eine gewaltige, graue Gestalt vom Boden und versuchte vergebens zu entfliehen – Lobo, der König von Currumpaw, stand vor mir, festgekettet in den furchtbaren Klauen der stählernen Fallen. Armer, alter Tyrann, bis zuletzt hatte er nach seiner Geliebten gesucht, und als er die Spur ihres Leichnams gefunden hatte, war er ihr blindlings gefolgt und in die für ihn gelegten Fallen geraten. Da lag er nun fest gefaßt von vier starken Eisen, vollkommen hilflos, und rund umher bewiesen zahllose Fußtritte, daß die Finder sich dort gesammelt hatten, um den gefallenen Despoten zu verhöhnen, ohne zu wagen, in greifbare Nähe zu kommen. Zwei Tage und zwei Nächte hatte er dort gelegen, und nun war er zusammengebrochen, entkräftet durch die vergeblichen Anstrengungen loszukommen. Doch als ich näherkam, erhob er sich mit gesträubter Mähne, und zum letzten Mal erzitterte das Tal von seinem tiefen, rollenden Baß, einem Schrei um Hilfe, dem Kriegsruf seines Rudels. Aber da ertönte keine Antwort, und verlassen in seinem letzten Verzweiflungskampf wandte er sich gegen mich und machte verzweifelte Anstrengungen, auf mich loszuspringen. Alles vergeblich, jede der Fallen hatte ein Gewicht von über dreihundert Pfund, mit ihren stählernen Gebissen an jedem Fuß und die Ketten und Holzklötze alle ineinander verwickelt, war er vollkommen ohnmächtig. Seine gewaltigen, wie Elfenbein schimmernden Fangzähne knirschten in den grausamen Ketten, und als ich ihn mit meinem Büchsenlauf zu berühren versuchte, schnappte er zu und hinterließ tiefe Bißspuren, die noch heute zu sehen sind. Seine Augen glühten grün vor Haß und Wut, und seine Kiefer schnappten laut und vernehmlich zusammen, als er mich und mein zitterndes Pferd vergeblich anzufallen versuchte. Aber er war erschöpft vor Hunger und Blutverlust und sank bald ermattet zu Boden.

Etwas wie Bedauern überkam mich, als ich mich anschickte, ihm zu vergelten, was unzählige Geschöpfe unter seinen Klauen erduldet hatten.

»Großer, alter Räuber, Held von Tausenden von gesetzlosen Raubzügen, in wenigen Minuten bist du nichts als ein elender Kadaver.« Dann schwang ich mein Lasso und pfeifend sauste es über seinen Kopf. Doch es ging nicht so schnell; noch fühlte er sich nicht überwunden. Ehe sich die geschmeidige Schlinge um seinen Nacken geschlossen hatte, packte er sie und mit einem wütenden Biß durchschnitt er die starke Leine, die in zwei Stücken vor seine Füße fiel.

Zwar hatte ich meine Büchse als letzte Hilfe, aber ich wollte sein königliches Fell nicht verderben, sondern galoppierte ins Lager und kehrte in der Begleitung eines Hirten mit einem festen Lasso zurück. Wir warfen Lobo einen Stock zu, den er mit seinen Zähnen packte, und ehe er ihn durchbissen hatte, pfiffen unsere Leinen durch die Luft und schlossen sich fest um seinen Nacken.

Schon war das Licht in seinen glühenden Augen am Erlöschen, da besann ich mich eines anderen und rief: »Halt, wir wollen ihn nicht erwürgen, laßt uns ihn lebendig zur Farm bringen.« Er war jetzt vollkommen machtlos, und es war uns ein Leichtes, einen kräftigen Knüppel hinter den Fangzähnen durch sein Maul zu stecken und seine Kiefer mit starken Stricken zusammenzuschnüren. Sobald er fühlte, daß er gebunden war, gab er jeden Widerstand auf, und ohne einen Laut von sich zu geben, betrachtete er uns ruhig, als ob er sagen wollte: »So, jetzt habt ihr mich am Ende doch, nun macht, was ihr wollt!« Dann ließ er uns unbeachtet.

Wir fesselten seine Füße, doch er knurrte nicht, noch wandte er seinen Kopf. Dann hoben wir ihn mit vereinter Anstrengung auf mein Pferd. Sein Atem ging ruhig wie von einem

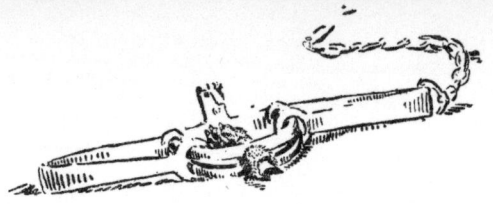

Schlafenden, seine Augen waren wieder hell und klar, doch sie ruhten nicht auf uns: Auf die fernen, weiten Landstriche waren sie gerichtet, auf sein geschwundenes Königreich, wo seine berüchtigte Bande nun ohne ihren großen Führer umherirrte. So starrte er in die Weite, bis wir den Weg in das Tal hinabstiegen und die Felsen die Aussicht versperrten.

Langsam ging es vorwärts, bis wir die Farm ungefährdet erreichten, und nachdem wir unser Opfer mit einem Halsband und einer starken Kette gesichert hatten, banden wir ihn an einen Pfahl auf der Weide fest und entfernten die Leinen. Zum ersten Mal konnte ich ihn nun genau betrachten und feststellen, wie falsch die umlaufenden Gerüchte über diesen gewaltigen Tyrannen waren. Da lag kein goldenes Halsband um seinen starken Nacken, noch war an seiner Schulter ein Kreuz, welches das Zeichen eines Paktes mit dem Satan sein sollte. Aber an einem Schenkel fand ich eine tiefe, breite Narbe, die Juno, der beste von Tannerys Rüden, dort eingegraben hatte, bevor Lobo ihn leblos in den Sand streckte.

Ich setzte Fleisch und Wasser neben ihn, aber er rührte es nicht an, unbeweglich lag er da und starrte mit den klaren, gelben Augen an mir vorüber in die Weite, durch die Öffnung des Tales über die fernen Gefilde – seine Gefilde. Als die Sonne sank, war sein fester Blick noch über die Prärie gerichtet. Ich vermutete, er würde seine Bande zusammenrufen, sobald die Nacht anbrach, und war darauf vorbereitet, doch er hatte in seiner letzten Verzweiflung schon einmal gerufen und niemand war erschienen – er blieb stumm.

Ein Löwe, den man seiner Kraft beraubt, ein Adler, dem man seine Freiheit genommen hat, oder eine Taube, der man den Geliebten entrissen hat, sie alle sterben, so sagt man, an gebrochenem Herzen. Auch diese furchtbare Kampfmaschine konnte diesen dreifachen Schlag nicht mit unversehrtem Herzen ertragen. Als der Morgen dämmerte, lag er noch in dersel-

ben Stellung voll friedlicher Ruhe, sein königlicher Leib unver-
wundet, aber das Leben war entflohen – der Herrscher war tot.

Ich nahm die Kette von seinem Hals, und ein Hirte half mir
ihn in den Schuppen tragen, wo Blanca lag. Dorthin legten wir
den Leichnam des alten Helden, und sein letzter Wunsch war
erfüllt: Die beiden, die nur der Tod getrennt hat, waren wieder
vereinigt.

Vixen

Eine Mutter

1

Trauer und Verzweiflung lag auf unserem Hühnervolk. Schon länger als einen Monat verschwanden die Bewohner unseres Hühnerhauses auf eine unerklärliche, geheimnisvolle Weise, und als ich in den Sommerferien nach Springfield kam, hielt ich es für meine Pflicht, die Ursache ausfindig zu machen. Das Federvieh wurde eines nach dem anderen frech davongeschleppt, ehe es sich auf seiner Stange zur Ruhe niederließ. Raubvögel konnten die Übeltäter nicht sein, denn die Hühner waren nicht von ihren Nistkästen heruntergeholt. Ebenso fand man keine halbaufgezehrten Kadaver, so daß Wiesel, Stinktier oder Sumpfotter unschuldig sein mußten. Der freche Diebstahl blieb infolgedessen einzig und allein auf Meister Reineke sitzen.

Das weite Nadelholz von Erindale lag auf dem anderen Ufer des Flusses, und bei genauerer Untersuchung der unteren Furt fand ich einige Fuchsspuren und eine gestreifte Feder von einem unserer Plymouth-Hühner. Als ich auf der Suche nach mehr Beweismaterial das Ufer erklomm, hörte ich mit einemmal das ohrenbetäubende Geschrei einiger Krähen und mich umschauend, sah ich einige dieses Gesindels auf irgend etwas in der Furt herabschießen. Bei näherem Hinschauen war es die alte Geschichte – ein Dieb verrät den anderen – dort mitten durch die Furt lief ein Fuchs mit einem Gegenstand zwischen den Zähnen, er kam von unserem Hühnerhof mit einem neuen

Opfer. Die Krähen, obwohl selbst freche Räuber, sind immer die ersten, um zu rufen »Halt den Dieb«, dabei aber stets bereit, ihren Hehlerlohn in Gestalt eines Teils der Beute zu nehmen.

Darauf waren sie auch jetzt aus. Der Fuchs mußte, um heim zu gelangen, den Fluß durchqueren und war dem vollen Angriff der pöbelhaften Krähen ausgesetzt. Er machte einige verzweifelte Sätze zum Ufer und wäre zweifellos mit seiner Beute entkommen, hätte ich mich nicht dem Angriff angeschlossen. Infolgedessen war er gezwungen, die Henne, aus der kaum das Leben entflohen war, fallenzulassen, und verschwand im Wald.

Diese regelmäßige und hohe Tributeinforderung von Nahrungsmitteln und die Tatsache, daß der Fuchs sie unzerstückelt davontrug, wies darauf hin, daß er eine Familie von kleinen Füchschen zu Hause hatte; und diese aufzufinden, machte ich mir nun zur Pflicht.

Am selben Abend begab ich mich mit Ranger, meinem Hund, über den Fluß hinüber und mitten in die Erindaler Forsten hinein. Sobald der Hund zu suchen begann, hörte ich das kurze, scharfe Bellen eines Fuchses aus einem dichtbewachsenen Einschnitt dicht neben mir. Ranger setzte sofort hinterher, fand eine frische Fährte und raste davon, bis seine Stimme sich in der Ferne hinter den Hügeln verlor.

Nach fast einer Stunde kam er unverrichteter Sache zurück, keuchend und erschöpft, denn es war heißes Augustwetter, und legte sich zu meinen Füßen nieder.

Im selben Augenblick ertönte direkt neben uns dasselbe füchsische »Jap-jurr«, und davon sauste der Hund auf eine neue Jagd.

2

Fort ging es, in die Dunkelheit hinein, der Hund bellend wie ein Nebelhorn. Das laute »Boo-boo« wurde zum leisen »oo-oo«, dieses zum schwachen »o-o«, und dann war es still. Sie mußten etliche Kilometer weit gelaufen sein, denn selbst mit dem Ohr auf dem Erdboden konnte ich nichts hören, obwohl ein Kilometer keine Entfernung für Rangers helle Stimme war.

Wie ich so im dunklen Forst stand und wartete, vernahm ich den melodischen Ton von tropfendem Wasser: »Tink tank tenk tink, ta tink tank tenk tonk.«

Ich wußte nichts von der Existenz einer Quelle in dieser Gegend und war in dieser heißen Nacht glücklich über den Fund. Der Ton führte mich zu einer Eiche, wo ich die Urheberin fand. Es war ein weicher, süßer Gesang, wie der Zaubergesang der Verführung:

Tonk tank tenk tink
Ta tink a tonk a tank a tink a
Ta ta tink tank ta ta tonk tink
Trink a tank a trink a trunk.

Es war der Tropfgesang der Sägewetzeule. –

Plötzlich weckte mich ein tiefes, heiseres Stöhnen und das Rascheln der Blätter – Ranger war zurück. Er war vollkommen erschöpft. Seine Zunge hing fast bis zum Erdboden, der Schaum stand ihm vorm Maul, seine Lungen arbeiteten schwer und der Schweiß tropfte von Brust und Flanken. Einen Augenblick schaute er mich an, leckte pflichtschuldigst meine Hand und warf sich dann auf den Boden, um alle andern Geräusche mit seinem lauten Keuchen zu übertönen.

Da auf einmal ertönte einige Schritte vor mir wieder das neckende »Jap-jurr«, und alles wurde mir klar.

Wir standen dicht bei der Höhle, wo die kleinen Füchse hausten, und die Alten versuchten abwechselnd, uns hinwegzulocken.

Es war inzwischen stockdunkle Nacht geworden, und wir wendeten uns heimwärts, mit der Gewißheit, daß das Rätsel nahezu gelöst sei.

2

Es war allgemein bekannt, daß ein alter Fuchs mit seiner Familie in der Nachbarschaft lebte, doch niemand vermutete ihn so nahe.

Dieser Fuchs war von seinen Artgenossen leicht zu unterscheiden durch eine Narbe, die vom Auge bis hinter das Ohr reichte. Man vermutete, daß er sie auf der Hasenjagd von einem Stacheldrahtzaun erhalten habe, und da die Haare, nachdem er geheilt war, an dieser Stelle weiß wuchsen, blieb es immer ein untrügliches Erkennungszeichen.

Im Winter vorher hatte ich ihn zum ersten Mal getroffen, und er hatte mir seine Schlauheit durch ein Beispiel bewiesen. Nach einem Schneefall war ich auf die Jagd gegangen und hatte die Felder überquert, bis ich zu einer buschbewachsenen Senke hinter einer alten Mühle kam. Als ich soweit herangekommen war, daß ich das flache Tal überblicken konnte, blieb mein Auge auf einem Fuchs haften, der außer Schußweite auf der anderen Seite herabtrottete und meinen Weg kreuzte. Augenblicklich blieb ich stehen, vollkommen regungslos, und vermied es, auch nur meinen Kopf zu neigen oder zu wenden, um seine Aufmerksamkeit nicht auf mich zu lenken, bis er im dichten Gebüsch auf der Talsohle verschwunden war. Dann duckte ich mich und lief zur anderen Seite, wo er die Deckung verlassen mußte. Dort wartete ich eine gute Weile, aber kein Fuchs erschien. Bei näherer Untersuchung der frischen Fährte entdeckte ich, daß der Fuchs unter dem Schutz des Buschwerks seine Richtung geändert hatte, und den Fußspuren mit den Augen folgend, erblickte ich den alten Schlaumeier in beträchtlicher Entfernung direkt hinter mir, auf den Hinterläufen sitzend und augenscheinlich erheitert grinsend.

Eine Untersuchung der Fährte erklärte alles. Er hatte mich in demselben Augenblick gesehen, als ich ihn entdeckte, aber schlau, wie es eben nur ein Fuchs sein kann, hatte er sich nichts anmerken lassen, bis er im Gebüsch war. Dort war er um mich herumgelaufen und amüsierte sich nun über meine Enttäuschung.

Im Frühjahr hatte ich einen weiteren Beweis von seiner Verschmitztheit. Mit einem Freund ging ich auf dem Weg über eine Schafweide spazieren und sah in einiger Entfernung verschiedene graubraune Steine. Als wir uns der Stelle näherten, meinte mein Freund:

»Stein Nummer drei sieht ganz aus wie ein zusammengerollter Fuchs.«

Doch ich konnte nichts erkennen, und wir gingen weiter. Wir hatten nur einige Schritte zurückgelegt, als der Wind diesen Stein aufblies wie Fell.

Mein Freund wiederholte: »Ich bin sicher, es ist ein schlafender Fuchs.«

»Das wollen wir einmal gleich feststellen«, erwiderte ich und wandte mich zur Seite, aber sobald ich einen Schritt vom Weg weg gemacht hatte, sprang der alte Schlauberger auf und rannte davon. Ein Präriefeuer hatte das Gras in der Mitte der Weide weggeschoren und einen breiten, schwarzen Gürtel zurückgelassen, darauf lief er entlang, bis er an frisches Grün kam, duckte sich und verschwand. Die ganze Zeit hatte er uns beobachtet, und er hätte sich nicht geregt, hätten wir uns auf dem Weg gehalten. Das Wunderbarste bei der Sache war nicht, daß er genauso aussah wie einer der runden Feldsteine und wie das trockene Gras, sondern daß *er es wußte* und es sich zunutze machte.

Bald wurde klar, daß es mein alter Bekannter, der Fuchs mit der weißen Narbe und seine Gattin Vixen waren, die sich in unseren Wäldern heimisch niedergelassen hatten und unseren Hühnerhof als Verpflegungsstation betrachteten.

Am nächsten Morgen nahmen wir eine sorgfältige Untersuchung der Stelle unter den Fichten vor und fanden einen großen Erdhügel, den die Füchse innerhalb weniger Monate aufgeworfen hatten. Bei dieser Arbeit mußten sie ein Loch gegraben haben, doch war nichts davon zu entdecken. Es ist bekannt, daß ein wirklich gerissener Fuchs, sobald er eine neue Höhle gräbt, die Erde aus dem ersten Loch herauswirft, aber dabei einen Tunnel hin in irgendein entferntes Dickicht gräbt. Dann schließt er das erste wieder, da es zu leicht entdeckt werden könnte und benutzt nur den verborgenen zweiten Eingang unter dem Buschwerk.

So fand ich denn auch auf der anderen Seite unter einer Baumwurzel den wirklichen Eingang und sichere Beweise, daß drinnen ein Volk von jungen Füchsen hauste.

Über die Büsche auf der abfallenden Hügelseite erhob sich ein hohler Lindenbaum. Er lehnte etwas über und hatte ein großes Loch dicht am Erdboden, ein kleineres etwas höher.

Dieser Baum war in meinen Knabenjahren oft der Mittelpunkt unserer Robinsonspiele gewesen. In die weichen, morschen Wände hatten wir Stufen geschnitten und so ein Auf- und Absteigen in der Höhlung ermöglicht. Dies kam mir jetzt zustatten, denn am nächsten Tag, als die Sonne höher stieg, begab ich mich dorthin und konnte von dem erhöhten Aussichtspunkt die interessante Familie unter mir gemütlich beob-

achten. Vier junge Füchschen konnte ich zählen, sie sahen aus
wie etwas mißratene kleine Schafe, mit ihren wolligen Pelzen,
ihren langen, dicken Beinchen und unschuldigem Gesichtsausdruck. Jedoch bei näherer Betrachtung konnten die breiten
scharfnasigen, scharfäugigen Gesichter ihre Abstammung von
einem schlauen Fuchs nicht verleugnen.

Sie spielten umher, wärmten sich in der Sonne oder balgten
miteinander, bis ein leises Geräusch sie erschreckt in der Höhle verschwinden ließ. Doch die Aufregung war unnötig gewesen, denn die Urheberin war die Mutter; sie kam langsam aus
den Büschen hervorgeschlichen und trug in ihrem Maul ein
Huhn – Nummer siebzehn, wie ich mich entsinne. Ein leiser
Ruf und die Kleinen kamen hervorgepurzelt, und nun begann
ein Schauspiel, das ich reizend fand, über das jedoch mein Onkel in helle Wut geraten wäre.

Die Jungen stürzten sich auf die Henne, rissen und balgten
sich darum und knurrten vor Behagen, während die Alte Wache hielt. Der Ausdruck auf ihrem Gesicht war bezeichnend.
Es war ein vergnügtes Grinsen, aber weder der gewöhnliche
wilde und schlaue Blick fehlte, noch Grausamkeit und Nervo-
sität, doch mehr als alles andere war es der Mutter Stolz und
Liebe, die sich in ihrem Gesicht ausdrückten.

Der Fuß meines Baumes war in den Büschen verborgen und
lag bedeutend tiefer als der Erdhügel, in dem die Füchse hausten. Infolgedessen konnte ich kommen und gehen, ohne die
Füchse aufzustören.

Immer und immer wieder kehrte ich zu dem Baum zurück,
um die Erziehung der jungen Füchse zu beobachten. Schon
zeitig lernten sie, bei irgendeinem Geräusch mäuschenstill zu
sitzen, und wenn sie es dann zum zweitenmal vernahmen, eine sichere Deckung zu suchen.

Einige Tiere besitzen so viel Mutterliebe, daß sie davon überwältigt, sie auch auf Fernerstehende ausdehnen. Mutter Vixen

schien nicht so geartet. Ihre Liebe zu den Jungen verleitete sie zu
großer Grausamkeit. Oft brachte sie Mäuse oder Vögel lebend
nach Hause und vermied mit teuflischer Vorsicht, sie ernstlich
zu verletzen, damit die Füchschen sich länger daran vergnügen
konnten, die armen Opfer zu Tode zu quälen.

Oben auf dem Hügel in einer Obstpflanzung lebte
ein Murmeltier. Es war weder hübsch noch interessant, aber es wußte ein bequemes Dasein zu
führen. Zwischen den zähen Wurzeln eines alten
Fichtenstumpfes hatte es sich eine Höhle ge-
wühlt, damit die Füchse ihm nicht durch Graben
folgen könnten, denn anstrengende Arbeit ist nicht nach Rei-
nekes Geschmack, und er erreicht seine Ziele lieber durch Einfallsreichtum und Schläue. Dieses Murmeltier nun pflegte sich
jeden Morgen auf dem Stumpf zu sonnen, und sobald es einen
Fuchs erblickte, schlüpfte es hinunter in die Tür seiner Höhle,
oder wenn der Feind in zu gefährlicher Nähe schien, kroch es
tiefer hinein und wartete so lange, bis die Gefahr vorüber war.

Eines Morgens beschlossen Vixen und ihr Gemahl, die
Kenntnisse ihrer Kinder durch eine Lektion über das Murmeltier zu bereichern, und als Versuchsgegenstand hatten sie sich
das Murmeltier in der Baumschule als besonders passend aus-
gewählt. So zogen sie denn zusammen bis zu dem Zaun, der die
Pflanzung einschloß, ohne vom alten Einsiedler auf seinem
Fichtenstumpf bemerkt zu werden. Vater Fuchs schlenderte
dann in einiger Entfernung an dem Stumpf vorüber, mitten
durch den Obstgarten, ohne dabei den Kopf zur Seite zu wenden und das stets wachsame Murmeltier mißtrauisch zu machen. Als der Fuchs auf der Bildfläche erschien, verschwand das
Murmeltier im Eingang seiner Höhle und blieb dort ruhig sitzen, wohl wissend, daß Vorsicht die Mutter aller Weisheit ist.

Das war es, was die Füchse gewollt hatten. Vixen hatte
sich bis dahin versteckt gehalten, jetzt aber lief sie schnell

zum Stumpf hinüber und versteckte sich dahinter. Der Alte hatte inzwischen langsam seinen Weg fortgesetzt. Da das Murmeltier durch das Erscheinen des Fuchses keineswegs in große Angst versetzt worden war, steckte es bald seinen Kopf zwischen den Wurzeln heraus und sah sich neugierig um. Weit in der Ferne bemerkte es den Fuchs, der seine alte Richtung immer noch einhielt. Je weiter der Feind sich entfernte, desto dreister wurde das Murmeltier, kam weiter heraus, und als die Luft vollkommen rein schien, kletterte es wieder auf den Stumpf. Mit einem Sprung saß ihm Vixen im Genick und schüttelte es, bis es besinnungslos dalag. Der alte Fuchs hatte mit einem Auge das ganze Manöver beobachtet und kam schnell herbeigelaufen. Aber Vixen nahm das Murmeltier zwischen die Zähne, lief zur Behausung, und der Alte wußte nun, daß man seine Hilfe nicht mehr benötigte.

Als Vix vor der Höhle anlangte, war das Murmeltier wieder so weit bei Sinnen, daß es etwas zappelte. Ein unterdrücktes »Wuf« der Alten brachte die Kleinen aus der Höhle heraus, wie Schuljungen zum Spielen. Sie warf ihnen das verwundete Tier vor, und wie vier kleine Furien stürzten sie sich darauf, schwache Freudenschreie ausstoßend und mit aller Kraft ihrer kleinen Kinderzähne zubeißend. Doch das Murmeltier kämpfte um sein Leben, und die kleinen Quälgeister abschüttelnd, hinkte es langsam zum schützenden Dickicht davon. Die Füchschen verfolgten es wie eine Meute Hunde und zogen es an Schwanz und Fell, aber konnten es nicht zurückhalten. Da kam die Mutter zu Hilfe, mit einigen Sätzen hatte sie es überholt und zog es wieder ins freie Feld zurück, zur Belustigung der Kinder. Dieses grausame Spiel wiederholte sich einige Male, bis eines der Kleinen jämmerlich zerbissen war und sein Schmerzensgeschrei die Mutter bewog, des Murmeltiers Elend ein schnelles Ende zu bereiten.

Nicht weit vom Nest entfernt war eine mit hohem Gras überwucherte Talsenke, der Spielplatz einer ganzen Kolonie von Feldmäusen. Die erste Unterweisung in der edlen Waidmannskunst, die die Kleinen entfernt von ihrer Behausung erhielten, war in dieser Niederung. Hier hatten sie ihren ersten Unterricht in der Mäusejagd, der leichtesten von allen. Bei der Belehrung war die Hauptsache das Beispiel der Mutter und der angeborene Instinkt. Die Alte bediente sich einiger Zeichen und Winke, die z. B. bedeuteten »Liegt still und paßt auf« oder »Kommt und macht mir alles genau nach« und so weiter.

An einem stillen Abend zog die ganze Familie vergnügt zur Niederung, und Mutter Fuchs befahl den Jungen, still im Gras zu liegen. Ein leises Quieken bewies die Anwesenheit des gesuchten Opfers. Vix erhob sich und lief auf den Zehenspitzen in das hohe Gras, sie kroch nicht, sondern machte sich so hoch sie konnte und stand zuweilen auf den Hinterfüßen, um besser Umschau halten zu können. Die Pfade, welche die Mäuse zu nehmen pflegen, sind unter dem Gewirr des Grases verborgen, und das einzige, wodurch sich der Aufenthaltsort der Mäuse feststellen läßt, ist das leichte Bewegen der Halme. Das ist der Grund, daß man dieser Jagd nur an stillen Tagen nachgehen kann.

Die Kunst dabei ist nun, den Ort zu bestimmen, wo die Maus krabbelt, sie mit einem Satz zu packen und sie erst dann zu sehen. Nach einigen Sekunden Wartens tat Vix einen Sprung, und mitten in dem Büschel vertrockneten Grases, das sie packte, quiekte eine Feldmaus zum letztenmal.

Sofort war sie verschlungen, und die vier häßlichen kleinen Füchse versuchten, es nun ihrer Mutter nachzumachen. Als der Älteste zum ersten Mal in seinem Leben solch ein zappelndes Wesen erwischte, zitterte er vor Erregung und grub seine perlenweißen, kleinen Milchzähne in die arme Maus mit einer angeborenen Wildheit, die ihn selbst zu überraschen schien.

Eine weitere Lektion wurde an einem Eichhorn erteilt. Einer von diesen lärmenden, sehr nervösen Waldbewohnern wohnte dicht neben der Behausung der Füchse und pflegte den halben Tag damit zuzubringen, die ehrenwerte Familie von irgendeinem sicheren Zweig aus zu beschimpfen. Die Jungen machten viele vergebliche Versuche, es zu erwischen, wenn es von einem Baum zum anderen über die Lichtung rannte, oder sie aus nächster Nähe mit den gemeinsten Schimpfreden überschüttete. Alt-Vixen war Sachverständige in der Naturgeschichte, sie kannte die Gepflogenheiten eines Eichkätzchens genau und nahm die Sache in die Hand, sobald es ihr angemessen erschien. Sie versteckte die Kinder und legte sich flach mitten in der Lichtung nieder. Das freche, niedrig denkende Eichhorn kam und begann, wie gewöhnlich zu schimpfen. Doch die Füchsin zuckte mit keiner Wimper. Das Eichkätzchen kam näher und schrie schließlich von einem Zweig über ihr herunter: »Du Lump du, du Lump du.« Aber Vix lag da wie tot. Das schien dem Eichhorn höchst merkwürdig und sich ängstlich umschauend, kam es den Baumstamm herab und lief mit einem kräftigen Anlauf über den Rasen hinüber, zu einem anderen Baum, um dort seine Schimpferei von neuem zu beginnen.

»Du Lump du, du trauriger Lump du, skrrr – skrrr.«

Aber unbeweglich und leblos lag Vix im Gras. Das war dem Eichhorn dann doch zuviel. Es war von Natur neugierig und abenteuersüchtig, und wieder kam es von seinem Baum herunter und eilte über die Lichtung, diesmal näher als zuvor.

Wie tot lag Vix, »sicherlich war sie tot«. Die kleinen Füchse fingen an zu glauben, ihre Mutter sei eingeschlafen.

Das Eichhörnchen steigerte sich mehr und mehr in einen Anfall von närrischer Neugier hinein. Ein Stück Baumrinde hatte es gerade auf Vixens Kopf geworfen, seine Liste von gemeinen

Schimpfworten hatte es aufgebraucht und sie bereits wiederholt, aber auf nichts eine Antwort erhalten. Nachdem es noch einige Male die Lichtung gekreuzt hatte, wagte es sich in nächste Nähe der in Wirklichkeit lauernden Füchsin, die sofort aufsprang und das dumme Eichhorn im Nu beim Genick packte.

Und die Kleinen knabberten die Knochen ab, oh!

So wurden nach und nach die Grundsteine zur Erziehung der Jungen gelegt, und als sie stärker wurden, nahm man sie weiter hinaus und begann die höhere Unterweisung im Fährtensuchen und -finden.

Jedes Wesen hat seine besondere Art zu jagen, so wurde ihnen gelehrt; denn ein jedes Tier hat irgendeine große Stärke, sonst könnte es nicht leben, und irgendeine große Schwäche, sonst könnten die anderen nicht leben. Des Eichhorns Schwäche ist verrückte Neugier, die des Fuchses, daß er keinen Baum erklimmen kann. Die Erziehung der kleinen Füchse war aufgebaut auf dem Grundsatz, sich die Schwächen anderer Tiere zunutze zu machen oder ihre Stärke durch Schlauheit zu überbieten.

Von ihren Eltern lernten sie die Grundregeln der Fuchsweisheit. Wie, ist nicht so leicht zu erklären, aber daß sie dieselben unter der Leitung der Alten lernten, bewiesen sie bald. Es folgten einige Regeln, die ich den Füchsen abluchste:

»Schlafe niemals auf deiner Fährte.

Deine Nase sitzt vor den Augen, darum traue ihr zuerst.

Nur ein Narr läuft mit dem Wind.

Ein laufender Bach heilt manch Ungemach.

Gehe niemals den geraden Weg, wenn du einen krummen findest.

Ist etwas dir fremd, so ist's dir auch feindlich.

Staub und Wasser verderben den Geruch.

Jage niemals Mäuse in einem Wald, wo Hasen sind, oder Hasen im Hühnerhof.

Lauf nicht im Gras.«

Eine Ahnung von der Bedeutung dieser Regeln begann bereits in den Köpfen der Kleinen zu dämmern. So z. B.: »Folge niemals etwas, das du nicht riechen kannst.« Das war ihnen klar, denn wenn sie *es* nicht riechen konnten, stand der Wind so, daß es *sie* riechen mußte.

Nach und nach lernten sie alles kennen, was da in ihrem heimatlichen Forst kroch und flog, und als sie groß genug waren, um mit ihren Eltern weitere Ausflüge unternehmen zu können, kamen ihnen noch viele neue Tiere zu Gesicht. Bald bildeten sich die Kleinen ein, sie wüßten alles; doch eines Nachts nahm sie die Mutter hinaus ins Feld und zeigte ihnen einen fremdartigen, flachen Gegenstand, der auf der Erde lag. Die Alte brachte ihre Jungen dorthin, damit sie an diesem unbekannten Ding riechen sollten, und beim ersten Schnüffeln standen ihnen alle Haare zu Berge, sie zitterten an allen Gliedern und wußten nicht warum – es schien in ihrem Blut zu kitzeln und sie mit Haß und Furcht zu erfüllen. Als die Alte die Wirkung sah, flüsterte sie ihnen zu: »Das ist Menschengeruch.«

3

Inzwischen verschwanden unsere Hühner, eins nach dem andern. Noch hatte ich das Nest mit den Jungen nicht verraten, denn ich hielt von diesen kleinen Räubern mehr als von unseren langweiligen Hühnern. Mein Onkel war natürlich höchst aufgebracht und machte die verächtlichsten Bemerkungen über meine Tüchtigkeit als Jäger. Um ihm gefällig zu sein, nahm ich eines Tages den Hund mit auf den Weg durch den Wald, und während ich mich auf einem Baumstumpf an der unbewachsenen Hügelseite niederließ, lief der Hund suchend umher. In weniger als drei Minuten gab er Laut, der allen Jägern so wohlbekannt: »Fuchs! Fuchs! Fuchs!« und hinab ging die Hatz ins Tal.

Nach einer Weile hörte ich sie zurückkommen. Voran mein alter Bekannter, der Fuchs, der in leichten Sprüngen die Uferböschung hinab auf den Fluß zulief. Dann trottete er in dem seichten Wasser einige hundert Meter am Ufer entlang und kam gerade mir gegenüber heraus. Obwohl ich ohne Deckung dasaß, sah er mich nicht, sondern kam den Hügel hinauf, über die Schulter hinweg den Hund beobachtend. Ungefähr zehn Fuß vor mir drehte er um, ließ sich nieder und verdrehte sich den Hals, mit gespannter Aufmerksamkeit des Hundes vergeblichem Suchen zusehend. Ranger kam bellend die Fährte entlang, bis er am laufenden Wasser anlangte; dort verlor er die Spur und suchte ratlos hin und her. Da gab es nur einen Ausweg, er mußte den Fluß an beiden Ufern so lange auf und nieder laufen, bis er die Stelle gefunden hatte, wo der Fuchs das Land betreten hatte.

Der alte Schlaumeier vor mir änderte seine Stellung etwas, um Umschau halten zu können und beobachtete mit einem geradezu menschlichen Interesse das Hin- und Hersuchen des Hundes. Er saß so nahe vor mir, daß ich sehen konnte, wie die Haare auf seiner Schulter sich sträubten, als der Hund näher kam. Sein vor Erregung klopfendes Herz konnte ich an die Rippen schlagen sehen, ebenso das Aufleuchten seiner gelben Augen. Als der Hund die Fährte am Wasser verloren hatte und vollkommen verwirrt umherlief, war es einfach komisch zu beobachten, wie Meister Reineke nicht mehr still liegen konnte, sondern vor Freude hin und her sprang und sich auf den Hinterfüßen erhob, um einen besseren Ausblick auf seinen langsam sich zurechtfindenden Verfolger zu bekom-

men. Mit beinahe bis an die Ohren aufgerissenem Maul atmete er geräuschvoll einige Male oder besser, lachte belustigt, wie es Hunde zuweilen zu tun pflegen.

Als Ranger dann langsam den Hügel hinaufkam, verdrückte sich der alte Fuchs gemächlich in den Wald. – Nur ein paar Meter vor mir war er gesessen, aber ich hatte den Wind gegen mich und war mäuschenstill sitzengeblieben, und er hatte nicht bemerkt, daß sein Leben zehn Minuten lang in der Hand seines meistgehaßten Feindes gelegen war. Auch Ranger wäre an mir vorbeigelaufen, hätte ich ihn nicht angerufen. Mit einem kleinen, nervösen Schreck verließ er die Fährte und warf sich schnaufend und außer Atem zu meinen Füßen nieder.

Diese Komödie wiederholte sich mit einigen kleinen Veränderungen mehrere Tage hintereinander. Mein Onkel verlor endlich die Geduld bei dem täglichen Verlust seiner Hühner und begab sich selbst hinaus, ließ sich auf dem Hügel nieder, und als der alte Reineke zu seinem Beobachtungsposten getrottet kam, schoß er ihn erbarmungslos nieder, gerade als das schlaue Füchslein sich über einen neuen Triumph gebührend belustigte.

4

Die Hühner verschwanden wie zuvor. Mein Onkel schäumte vor Wut und beschloß, den Vernichtungskrieg nun selbst zu leiten. Er übersäte die Wälder förmlich mit vergifteten Ködern, dabei auf sein gutes Glück vertrauend, daß unsere Hunde sich nicht daranmachten. So oft er mich sah, erging er sich in wenig liebenswürdigen Bemerkungen über sein Vertrauen in meine Weidmannskunst, und Abend für Abend trieb es ihn hinaus mit seiner Büchse und zwei Hunden, in der Hoffnung, den Räuber zu erwischen.

Vix war nicht so dumm, sie wußte ganz genau, was ein vergifteter Köder war, sie lief an ihnen vorüber und behandelte sie mit Verachtung. Nur einen nahm sie auf, warf ihn in die Höhle eines alten Feindes, eines Stinktiers, und von diesem Tage an ward dieses nicht mehr gesehen. Früher hatte der alte Reineke die Hunde auf sich genommen und sie von der Behausung ferngehalten. Jetzt lag auf Vixen die ganze Last der Erziehung und Ernährung der Jungen allein, sie konnte nicht länger Zeit damit verschwenden, jede Fährte, die zur Höhle führte, zu verwischen und war auch nicht immer zur Stelle, um die Feinde in die Irre zu führen.

Das Ende war leicht vorauszusehen. Ranger folgte eines Tages einer frischen Fährte zur Höhle, und kurz darauf verkündete Flick, der Foxterrier, daß die ganze Familie zu Hause sei.

Das Geheimnis war nun heraus und die Stunden der Füchse gezählt, Arbeiter wurden herbeigerufen und begannen sie herauszuschaufeln, während wir mit den Hunden dabeistanden. Noch ehe das Werk vollendet war, zeigte sich Vix am nahen Waldsaum und führte die Hunde davon, hinab zum Fluß. Dort schüttelte sie ihre Verfolger durch einen raffinierten Kunstkniff ab, indem sie einfach auf den Rücken eines friedlich weidenden Schafes sprang. Das verschreckte Tier raste mit seiner Reiterin davon, die – sicher, daß die Hunde ihrer Spur nicht mehr folgen konnten – nach einigen hundert Metern herabsprang und zur Höhle zurückkehrte. Aber die Verfolger, stutzig gemacht durch das Verschwinden der Fährte, taten dasselbe und fanden Vixen, sich vergeblich abmühend, auch uns von ihren Schätzen hinwegzulocken.

Inzwischen hatte mein Onkel Hacke und Schaufel mit Kraft und Erfolg gebraucht. Der gelbe, grobe Sand häufte sich zu beiden Seiten, und der rüstige Schatzgräber verschwand bald in der Tiefe. Nach einer Stunde harter Arbeit rief der Alte:

»Da haben wir das Gesindel!«

Die Höhle am Ende des Tunnels war bloßgelegt, und in einer Ecke zusammengeduckt saßen die vier Jungen.

Ehe ich Einspruch erheben konnte, hatte ein mörderischer Schlag mit der Schaufel und ein plötzliches Zuschnappen des Foxterriers das Leben von dreien beendet. Der vierte und kleinste wurde am Schwanz herausgezogen und den Hunden nur mit Mühe entrissen.

Er gab einen kurzen, quiekenden Schrei von sich, und die arme Mutter, dadurch herbeigelockt, kreiste so nahe um uns herum, daß sie sicher niedergeschossen worden wäre, hätten die Hunde sie nicht in ihrem Übereifer beschützt, denn sie liefen immer in die Schußlinie. Zuletzt führte sie die Jäger zu einer erfolglosen Hatz davon.

Der kleine lebende Fuchs wurde in einen Sack gesteckt, wo er ganz ruhig lag, und seine unglücklichen Geschwister wurden in ihre Kinderstube zurückgeworfen und unter einigen Schaufeln voll Erde begraben.

Wir Mörder begaben uns nach dieser Hinrichtung nach Hause, und der Kleine wurde im Hof angekettet. Niemand wußte recht, warum man ihn am Leben gelassen hatte, aber bei allen machte sich eine Gefühlsänderung bemerkbar, und keiner kam auf den Gedanken, auch ihn zu töten.

Er war ein hübscher, kleiner Kerl, der aussah wie eine Kreuzung zwischen Fuchs und Lamm. Seine wollige Gestalt und sein Gesicht ähnelten merkwürdig einem Schaf, und sein Ausdruck war unschuldig wie der eines Lammes. Bei scharfem Beobachten jedoch konnte man in seinen Augen allerdings ein Aufleuchten von Schlauheit und Wildheit erkennen, das ihn einem Lamm höchst unähnlich machte.

Solange jemand in der Nähe war, verkroch er sich furchtsam in seiner Hütte, und es dauerte eine volle Stunde, bis er es wagte, wieder herauszuschauen.

Mein Fenster mußte jetzt die Stelle des hohlen Weidenstammes vertreten. Eine Anzahl Hühner von der Rasse, die dem Füchschen nur zu bekannt war, trieben sich in seiner Nähe auf dem Hof herum. Am späten Nachmittag, als sie sich zu nahe an den Gefangenen herangewagt hatten, wurde ich durch das plötzliche Rasseln der Kette ans Fenster gelockt und erblickte den kleinen Burschen, der auf das nächste Huhn zusprang und nur von einem heftigen Ruck der Kette zurückgehalten wurde, es zu packen. Reineke junior krabbelte wieder auf die Füße und kroch zurück in seine Kiste. Er versuchte dasselbe Manöver noch verschiedene Male, wurde aber immer wieder von der grausamen Kette zu Boden geschleudert.

Als die Dämmerung hereinbrach, begann er unruhig zu werden. Er schlüpfte aus seiner Hütte heraus, verkroch sich beim leisesten Geräusch wieder, nagte an seiner Kette, oder biß wütend darauf herum. Plötzlich hielt er inne, als ob er lauschte, erhob dann seine kleine, schwarze Nase in die Luft und gab einen kurzen, zitternden Schrei von sich.

Dies wiederholte er einige Male, die Pausen ausfüllend durch Knabbern an der Kette und ruheloses Umherlaufen. Da plötzlich ertönte eine Antwort, das ferne »Jap-jurr« der alten Füchsin, und einige Minuten später erschien eine schattenhafte Gestalt auf einem Holzhaufen in der Ecke des Hofes. Der Kleine kroch in seine Hütte, kam aber sofort wieder heraus und sprang der Alten entgegen, mit all' der Freude, die nur ein Kind seiner Mutter zu zeigen imstande ist. Schnell wie der Blitz packte sie ihn, um ihn auf demselben Weg davonzutragen, den sie gekommen war. Doch in dem Augenblick, als das Ende der Kette erreicht war, wurde der Kleine der Mutter mit einem Ruck entrissen, und erschreckt durch das Öffnen eines Fensters entfloh sie über den Holzhaufen.

Eine Stunde später hatte das Junge aufgehört ruhelos hin- und herzulaufen und zu schreien. Ich schaute hinaus und sah beim fahlen Licht des Mondes die Mutter ausgestreckt neben ihrem Söhnchen liegen und an etwas knabbern – das Klirren von Eisen verriet mir, an was – es war die grausame Kette. Tip, das Söhnchen, verhalf sich inzwischen zu einem warmen Trank.

Als ich heraustrat, entfloh Vixen in den dunklen Forst. Neben der Hütte hatte sie zwei kleine Mäuse zurückgelassen, blutig und noch warm – Futter für das Junge.

Am folgenden Tag fand ich bei einem Gang durch den Wald zur zerstörten Höhle neue Zeichen von Vixen. Die arme, unglückliche Mutter war gekommen und hatte die Leichen ihrer erschlagenen Kinder ausgegraben.

Da lagen die drei kleinen Füchse, glatt geleckt, und daneben zwei von unseren Hühnern, eben erst getötet. Auf der frisch aufgeworfenen Erde waren überall Spuren, Spuren die erzählten, daß hier eine Mutter an der Seite ihrer Toten gewacht hatte. Neben ihnen hatte sie sich hingestreckt und ihnen vergeblich Nahrung angeboten und versucht, sie zu füttern und zu wärmen, wie früher. Aber nur kleine, steife Leichen hatte sie unter ihrem weichen Fell gefühlt und kleine, kalte Nasen, still und unbeweglich. Der tiefe Eindruck von Ellbogen, Brust und Läufen zeigte, wo Vixen gelegen war in ihrer stummen Verzweiflung und stundenlang gewacht und getrauert hatte – eine Mutter um ihre Kinder. Nach dieser Nacht kam sie nicht wieder zu dem zerstörten Heim, denn sie wußte nun, daß ihre Kleinen tot blieben für immer.

5

Tip, der Gefangene, der einzige Überlebende von Vixens Jungen, war nun der Erbe ihrer ganzen Liebe. Die Hunde wurden losgelassen, um die Hühner zu bewachen, die Leute hatten Anweisung, sofort zu schießen, wenn die Füchsin sich zeigte, und auch mir war dieser Befehl zugegangen, aber ich war entschlossen, nichts zu sehen. Die Köpfe geschlachteter Hühner, die der Fuchs besonders liebt und die ein Hund nicht anrührt, hatte man vergiftet und im Wald ausgestreut, und der einzige Weg zum Hof zu gelangen, wo Tip in erniedrigender Gefangenschaft lebte, war über den Holzstoß in der Ecke. Trotz aller Maßregeln erschien Vix in jeder Nacht, um ihr Baby zu säugen und ihm frischgefangene Hühner oder Wild zu bringen.

In der zweiten Nacht von Tips Gefangenschaft vernahm ich das Rasseln der Kette und erblickte die Füchsin, wie sie eifrig ein Loch neben des Kleinen Hütte scharrte. Als es tief genug war, um sie selbst darin zu begraben, packte sie die Kette hinein und füllte das Loch darüber wieder zu. Dann ergriff sie, triumphierend bei dem Gedanken, daß sie die Kette nun los sei, den kleinen Tip am Genick und sprang in Richtung Holzhaufen davon, aber nur mit dem Erfolg, ihr Junges mit einem Ruck von sich gerissen zu sehen.

Armer, kleiner Kerl, er wimmerte jämmerlich, als er in seine Hütte zurückkroch. Eine halbe Stunde später hörte ich die Hunde wütend anschlagen, und als sich das Bellen weiter und weiter entfernte, wußte ich, daß sie auf Vixens Fährte waren. Nördlich, in Richtung der Bahnlinie, ging ihre Jagd. Am anderen Morgen fehlte Ranger, und bald wußten wir warum. Füchse lernen schnell die Vorteile und Nachteile der Eisenbahn kennen und wissen, sie sich auf verschiedene Weise zunutze zu machen. Zum Beispiel pflegen sie, wenn verfolgt, die Schienen entlang zu lau-

fen, kurz bevor ein Zug darüberfährt. Die Spur, auf Eisen so-
wieso schwer zu verfolgen, wird von dem Zug ganz und gar
verwischt, auch ist immer die Möglichkeit vorhanden, daß der
eifrig suchende Hund überfahren wird. Ein anderer sicherer,
aber gefährlicher Kniff besteht darin, den Hund quer über die
Schienen direkt vor einem Zug hinwegzuführen, so daß die
Lokomotive ihn überholt und tot zur Seite schleudert.

Dieser Kunstkniff war von Vixen meisterlich ausgeführt
worden, denn am Fuße des Bahndammes fanden wir die zer-
malmten Überreste unseres alten, treuen Rangers, und irgendwo im Wald saß die Füchsin und lachte sich ins Fäustchen.

Noch in derselben Nacht kam sie zum Hof zurück, ehe der
müde Flick sich eingefunden hatte, tötete eine Henne, brachte
sie Tip und streckte sich außer Atem neben ihm nieder. Sie
schien zu glauben, der Gefangene bekäme keine andere Nahrung, als das, was sie ihm brachte.

Diese Henne verriet meinem Onkel die nächtlichen Besu-
che.

Meine volle Zuneigung und Teilnahme galt Vixen, und ich
verweigerte meine Mithilfe beim Töten der Füchsin. In der
nächsten Nacht wachte mein Onkel, das Gewehr im Arm, eine
ganze Stunde. Als es dann kühler wurde und der Mond sich
umwölkte, fiel ihm irgend etwas anderes wichtiges ein, und er
rief einen von unseren Leuten an seine Stelle.

Doch dieser machte es sich bald bequem, als die Stille der
Nacht und das gespannte Wachen seine Nerven zu sehr an-
strengten, und das laute Bäng! Bäng! eine Stunde später regte
uns wenig auf, denn es war nur Pulver um nichts verschossen
worden.

Am Morgen sahen wir, daß Vix ihr Junges nicht vergessen
hatte. – Am nächsten Abend schob mein Onkel zum zweiten Mal Wache, denn wieder war ein Huhn verschwunden. Kurz nach Einbruch der Dunkelheit ertön-

te ein Schuß, aber Vix ließ die Beute, die sie trug, fallen und entfloh. Ein zweiter Versuch, den sie in derselben Nacht unternahm, ließ wieder einen Schuß folgen. Doch am Morgen bewies das Glänzen der Kette, daß sie zum dritten Mal gekommen war und stundenlang vergeblich versucht hatte, die grausame Bande, die ihr Kleinod hielt, zu durchbeißen.

Eine solche Tapferkeit und standhafte Treue mußte Achtung, wenn nicht gar Mitleid gewinnen. In der nächsten Nacht wachte kein Schütze, und alles war still. Was sollte es auch nützen? Dreimal war sie durch Schüsse weggejagt worden, würde sie nun noch einmal versuchen, ihr gefangenes Kind zu befreien oder zu füttern?

Würde sie es tun? Ihre Liebe war die einer Mutter! Es war in der vierten Nacht, als das klagende Wimmern des Kleinen beim Auftauchen einer schattenhaften Gestalt auf dem Holzstoß verstummte.

Aber sie trug keinen Vogel, kein Beutestück, soviel ich erkennen konnte. Hatte die geschickte Jägerin am Ende ihr Wild gefehlt? Brachte sie nichts für ihren Einzigen, oder vertraute sie auf die Pflege seiner Wächter?

Nein, gewiß nicht! Die Liebe der wilden Mutter war felsenfest, und ihr einziger Gedanke und Wunsch war es, ihren Sohn zu befreien. Alles hatte sie versucht und jeder Gefahr hatte sie getrotzt, um ihn frei zu bekommen, aber alles war vergeblich gewesen.

Wie ein Schatten war sie gekommen und im selben Augenblick wieder verschwunden. Tip packte gierig etwas, was sie ihm zugeworfen hatte und schlang und kaute mit Behagen. Aber noch während er fraß, entfuhr ihm plötzlich ein Schrei voll Schmerz. Dann folgte ein kurzer Todeskampf, und Tip war nicht mehr.

Die Mutterliebe in Vix war stark, aber ihre Überlegung war stärker. Sie kannte die Gewalt des Giftes, und als sie am Ende einsah, daß sie für ihr Junges zu wählen hätte zwischen dem traurigen Leben eines Gefangenen oder plötzlichem Tod, unterdrückte sie die Mutter in ihrer Brust und befreite ihn durch das einzige offene Tor.

Wenn der Schnee den Boden bedeckt, pflegen wir den Waldbestand aufzunehmen, und als der Winter kam, erzählte er mir, daß Vix nicht mehr in den Forsten von Erindale hauste. Wohin sie zog, habe ich nie erfahren, aber so viel war sicher, in unserer Nachbarschaft weilte sie nicht mehr.

Vielleicht war sie zu weit entfernten Jagdgefilden ausgewandert, um der traurigen Erinnerung an ihre getöteten Lieben zu entfliehen. Oder sie war freiwillig von der Bühne eines traurigen Daseins abgetreten, wie manche wilde Mutter es vor ihr getan hat, mit Hilfe desselben Mittels, mit dem sie ihren Sohn, den letzten der Kinder, befreite.

Rotkrause

Die Geschichte des Fasans aus dem Don-Tal

1

Durch eine bewaldete Schlucht zwischen zwei Hügeln führte Mutter Fasan ihre Familie hinab zum kristallklaren Bach, den der Volksmund, ich weiß nicht warum, Schlammbach getauft hatte. Die Kleinen waren einen Tag alt, aber bereits flink auf den Füßen, und wurden zum ersten Mal zum Trinken geführt.

Langsam zog die Mutter vorwärts, fast am Boden kriechend, denn es gab zahlreiche Feinde in den Wäldern. Ein sanftes Glucksen lockte die kleinen erdfarbenen Knäuel, die auf ihren winzigen, rosigen Beinchen hinterhergewackelt kamen und ängstlich zu piepsen begannen, wenn sie nur ein wenig zurückblieben, und die so zart und klein aussahen, daß selbst die Graspferde neben ihnen riesengroß erschienen. Insgesamt waren es zwölf, und die Mutter hütete sie alle. Argwöhnisch beobachtete sie jeden Busch, jeden Baum und jedes Dickicht, den ganzen Wald und selbst den Himmel und schien nur nach Feinden zu suchen, denn nach den wenigen Freunden lohnte es sich nicht, Ausschau zu halten. Und tatsächlich entdeckte sie einen Feind! Drüben auf der Wiese erschien ein großer Fuchs; er kam ihren Pfad entlang, und sicherlich würde er sie in wenigen Augenblicken mit seiner feinen Nase wittern. Da gab es keine Zeit zu verlieren!

»Krr! Krr!« (Versteckt euch! Versteckt euch!) rief die Mutter leise, aber in bestimmtem Ton, und die armen Dinger, kaum größer als Eicheln und nur einen Tag alt, zerstreuten sich, um

sich zu verbergen. Das eine verschwand unter einem Blatt, ein anderes zwischen zwei Wurzeln, ein drittes kroch unter ein Stück abgefallene Birkenrinde, ein viertes in ein Erdloch u. s. w., bis alle geborgen waren. Nur eins konnte keinen Schlupfwinkel finden, es legte sich flach auf ein breites, gelbes Blatt, machte die Augen fest zu und glaubte nun sicher, von niemandem gesehen zu werden. Die Kleinen stellten ihr furchtsames Piepsen ein, und alles war still.

Mutter Fasan flog dem gefürchteten Räuber gerade entgegen, ließ sich dann ein paar Schritte seitwärts von ihm nieder, begann mit den Flügeln zu schlagen, als ob sie lahm, ganz flügellahm wäre und jammerte wie ein von der Mutter verlassenes Kind. Bat sie um Gnade – Gnade von einem blutdürstigen, grausamen Fuchs? O nein! So töricht war sie nicht! Oft hört man von der Arglist des Fuchses, er ist jedoch ein richtiger Einfaltspinsel gegen eine kluge Fasanenmutter. Hocherfreut ob der Aussicht auf einen leckeren Braten gerade vor seiner Nase drehte sich der Fuchs plötzlich um und erwischte – doch nein, ganz erwischte er den armen Vogel nicht, er entschlüpfte seinen gierigen Zähnen um Fußeslänge. Mit einem Satz nahm er die Jagd auf und hätte den Fasan diesmal sicherlich gefangen, wenn nicht gerade eine tückische Schlingpflanze dazwischengeraten wäre. Die Fasanenmutter hinkte davon, kroch unter einen Baumstamm, und Reineke sprang darüber, während seine sichere Beute, die jetzt etwas weniger lahm zu sein schien, einen ungeschickten Sprung vorwärts machte und einen Abhang hinunterrollte. Der Fuchs, immer hinterdrein, packte sie beinahe beim Schwanz, aber sonderbar, so schnell er auch lief und sprang, sie schien doch noch schneller zu sein. So etwas war dem alten Straßenräuber noch nicht passiert. Ein flügellahmer Fasan und er, Reineke, der Schnellfüßige, konnte sie in einem Rennen von fünf Minuten nicht einholen. Es war eine Schande! Der Fuchs verdoppelte seine Anstrengungen, doch der Fasan schien im selben Maß an Kraft zuzunehmen, und nach einem Wettlauf von einem halben Kilometer war der Vogel auf unerklärliche Weise wieder ganz gesund, er erhob sich mit einem beinahe verächtlich klingenden Schwirren und flog durch die Wälder davon, den Verfolger vollkommen sprachlos hinter sich zurücklassend, mit der niederdrückenden Erkenntnis, daß man ihn zum Narren gehalten hatte.

Mittlerweile schwebte die Fasanenmutter in einem weiten Bogen zu der Stelle zurück, wo die Kleinen im Unterholz versteckt waren.

Mit dem feinen Ortssinn des wilden Vogels ließ sie sich auf demselben Fleck nieder, von dem sie aufgeflogen war und stand einen Augenblick still, um voll Mutterstolz die vollständige Ruhe ihrer Kinder zu bewundern. Selbst bei ihrem Nahen rührte sich keins, auch der kleine Bursche auf dem gelben Blatt, der schließlich gar nicht so schlecht verborgen war, regte sich nicht, sondern schloß die Augen nur ein klein wenig fester, bis die Mutter rief:

»Kr-iet!« (Kommt Kinder!) und wie in einem Märchen schlüpfte aus jedem Loch ein Fasanenbaby heraus. Der winzige Geselle auf dem Blatt, der dickste von allen, öffnete seine großen Augen und flüchtete mit einem zarten »Piep, Piep« unter den Schutz der mütterlichen Flügel. Ein Feind hätte es drei Schritte weit nicht hören können, der Mutter feines Ohr jedoch hätte es in einer dreimal größeren Entfernung wahrgenommen.

Die Mittagssonne brannte heiß. – Durch eine Lichtung führte der Weg gerade zum Wasser hinab, und nachdem die Mutter ängstlich nach Feinden Ausschau gehalten hatte, sammelte sie die Kleinen unter dem Schatten ihres ausgebreiteten Fächerschwanzes, um sie vor der Gefahr eines Sonnenstichs zu schützen, und wandelte langsam den Pfad hinab, bis sie den Schutz eines wilden Rosenstrauches am Fluß erreichten.

152

Ein Hase sprang aus dem Busch hervor und jagte ihnen einen gewaltigen Schrecken ein. Doch er trug ja die weiße Friedensfahne und war ein alter Freund, und die Mutter belehrte die Kleinen, daß der Hase immer unter der Flagge des Friedens segelte und ein harmloser, friedliebender Nachbar ist.

Dann kam der Trunk vom reinen, fließenden Wasser, obwohl es einfältige Menschen den Schlammbach nannten.

Zuerst wußten die kleinen Kerle nicht, wie sie es anstellen sollten, doch sie ahmten einfach ihre Mutter nach, und bald hatten sie gelernt zu trinken wie sie, und dankten ihrem Schöpfer nach jedem Schluck mit einem Blick gen Himmel. In einer Reihe standen sie am Ufer entlang, zwölf goldbraune, flaumige Knäulchen auf vierundzwanzig rosaroten Beinchen und einwärts gestellten Watschelfüßen, mit zwölf süßen, goldenen Köpfchen, die sie niederbeugten, um zu trinken, und erhoben, um zu danken, gerade wie die Mutter.

Dann führte sie die Kleinen nach kurzem Aufenthalt auf eine entfernte Wiese, wo sich ein mit Gras bewachsener Erdhügel erhob, den sie vor einigen Tagen entdeckt hatte. Mehrere solcher Erdhügel sind notwendig, um eine Fasanenbrut großzuziehen, und ihre Erbauer sind die Ameisen. Die Alte sprang auf die Spitze des Haufens, sah sich vorsichtig einen Augenblick um und scharrte dann einige Male kräftig mit ihren Krallen. Der lockere Ameisenhügel war aufgebrochen und die kunstvoll erbauten Galerien rollten als Ruinen herab. Sofort begannen die Ameisen zu schwärmen und planlos durcheinanderzurennen, einige liefen mit großer Kraftanstrengung sinnlos immerfort um den Hügel herum, während andere, und dies waren die Vernünftigeren, ihre fetten, weißen Eier fortschleppten.

Der alte Fasan pickte eins von diesen saftig aussehenden Beutelchen auf, gluckste und ließ es fallen, pickte es wieder auf, gluckste und verschluckte es dann. Die Jungen standen

herum und sahen verwundert zu. Ein kleiner, gelber Kerl, derselbe, der auf dem Blatt gesessen hatte, pickte ein Ameisenei auf, ließ es mehrere Male fallen, dann, einer plötzlichen Eingebung folgend, schluckte er und konnte fressen. Nach zwanzig Minuten verstand es selbst das Kleinste, nach den köstlichen Eiern zu schnappen. Die Mutter öffnete noch mehr Ameisengänge, und die Hühnchen fraßen, bis jedes seinen kleinen Kropf restlos vollgestopft hatte.

Dann wanderten sie langsam und bedächtig stromaufwärts zu einer mit Dornbüschen bewachsenen Sandbank, lagen dort den ganzen Nachmittag und ließen sich den feinen, kühlen Sand durch die heißen Zehen rieseln. Mit ihrem ausgesprochenen Nachahmungstrieb lagen sie auf der Seite, wie ihre Mutter, scharrten mit ihren kleinen Füßen und schlugen mit den Flügeln, obwohl sie eigentlich noch gar keine besaßen. Versteckt unter dem weichen Flaum saßen nur kleine Anhängsel, um zu zeigen, wo die Flügel einst wachsen sollten. Am Abend führte die Alte ihre Kinder zu einem nahen trockenen Dickicht. Dort, zwischen raschelnden, abgestorbenen Blättern, die das lautlose Heranschleichen eines Feindes verhinderten, und unter den dichten, stachligen Zweigen eines wilden Rosenbusches, der alle fliegenden Feinde abhielt, bettete sie die Kleinen unter dem Federdach ihrer Kinderstube und erfreute sich an den kleinen zusammengekauerten Dingerchen, die im Schlaf piepten und sich vertrauensvoll an ihren warmen Körper schmiegten.

2

Am dritten Tag waren die Küken schon fester auf den Füßen. Sie mußten nicht mehr ängstlich um eine Eichel herumlaufen, sie konnten schon über Tannenzapfen klettern, und aus dem weichen Flaum guckten die ersten Ansätze von dicken Schwungfedern hervor.

Sie hatten ihr Leben begonnen unter der Pflege einer treusorgenden Mutter, ausgerüstet mit gesunden Beinchen, einem zuverlässigen Instinkt und einer Portion Vernunft. Es war der Instinkt, der sie veranlaßte, sich auf ein Wort ihrer Mutter zu verbergen; es war der Instinkt, der sie lehrte, ihr zu folgen; aber es war Vernunft, die sie unter dem Schatten ihrer Flügel hielt, wenn die Sonne stechend herunterbrannte; und von diesem Tag an leitete die Vernunft mehr und mehr ihr Verhalten.

Am nächsten Tag zeigten die Schwungfedern schon zarte Federspitzen; am folgenden waren die Federn ganz heraus, und eine Woche später konnten die flaumbekleideten Jungen fliegen wie die Alten.

Doch nicht alle – das Jüngste war von Anfang an schwächlich gewesen. Es trug seine halbe Eierschale noch stundenlang, nachdem es ausgekrochen war, es war weniger flink und piepste mehr als seine Geschwister. Als eines Abends beim Angriff eines Stinktiers die Mutter »Kwit! kwit!« (Flieht! flieht!) rief, war es zurückgeblieben, und als sich die Familie auf dem fichtenbewachsenen Hügel wieder sammelte, fehlte es, und nie sahen sie es wieder.

Die Ausbildung der Jungen hatte mittlerweile bedeutende Fortschritte gemacht, sie wußte, daß die wohlgenährten Grashüpfer in dem langen Gras am Bach im Überfluß hausten, daß die Johannisbeerbüsche in Gestalt von glatten, grünen Würmern fette Nahrung gaben, auch war ihnen wohlbekannt, daß ein Ameisenhaufen, der sich am Waldsaum gegen den Horizont abhob, stets eine gefüllte Vorratskammer für sie bedeutete, und daß Erdbeeren, obwohl keine Insekten, beinahe ebenso köstlich schmeckten. Dann wußten sie ganz genau, daß die ungeheuren Danaiden-Schmetterlinge ein guter Braten waren, wenn sie sich nur fangen ließen, und daß ein abgefallenes, halb verfaultes Stück Baumrinde voll von Leckerbissen aller Art war. Aber auch Vorsicht hatten sie gelernt, nämlich, daß man Hornissen, Wespen und Tausendfüßler besser in Frieden läßt.

Der Juli war angebrochen – der Beerenmonat. Die Küken waren im letzten Monat erstaunlich gewachsen und gediehen und waren nun so groß, daß die gute Mutter die ganze Nacht aufrecht stehen mußte, um ihre Kinder mit den Flügeln zuzudecken.

Ihr Staubbad nahmen sie täglich wie zuvor, nur waren sie kürzlich zu einem anderen gezogen, welches höher oben auf dem Hügel lag. Es wurde von vielen anderen Vögeln besucht, und zuerst mißfiel der Mutter der Gedanke an ein schon benutztes Bad sehr. Aber der Staub war so fein und weich, und die Kinder gingen mit solcher Begeisterung voran, daß sie ihr Mißtrauen vergaß.

Nach vierzehn Tagen fingen die Kleinen an sichtlich abzumagern, und die Mutter fühlte sich selbst nicht wohl. Sie waren immer hungrig, und obwohl sie ungewöhnlich viel fraßen, wurden sie ständig dünner und dünner. Die Mutter war die letzte, die davon befallen wurde, aber als es kam, wurde sie bös mitgenommen, ein furchtbarer Heißhunger, ein fiebriges Kopfweh und verzehrende Schwäche kam über sie. Und die Ursache konnte sie nicht ergründen, denn sie wußte ja nicht, daß der Staub des vielbenutzten Bades, gegen den der angeborene Naturtrieb ihr von Anfang an Mißtrauen eingeflößt hatte, von Schmarotzerwürmern voll war, die sich im warmen, weichen Federkleid der armen Tiere häuslich niedergelassen hatten.

Jede natürliche Regung hat ihren Grund. Die angeborene Heilkunde der Vogelmutter war nur darauf gerichtet, ihrem Naturtrieb zu folgen. Das heftige, glühende Verlangen nach etwas, das sie nicht kannte, ließ sie alles versuchen, was nur eßbar aussah, und führte sie in die kühlsten Wälder. Und dort fand sie den todbringenden Sumach, beladen mit giftigen Früchten. Vor einem Monat wäre sie daran vorbeigegangen, aber jetzt versuchte sie die bitteren Beeren. Der herbe, brennende Saft schien einem sonderbaren Verlangen ihres Körpers zu entsprechen; sie aß und aß, und die ganze Familie gesellte sich zu dem wunderbaren Arzneimahl. Kein Arzt hätte es besser treffen können, es erwies sich als ein scharfes, wirksames Abführmittel; der geheime, furchtbare Feind war geschlagen, die Gefahr vorüber. Doch nicht für alle – die Natur, die alte Pflegerin, war für zwei zu spät gekommen, denn für ihre zarten, durch die Krankheit geschwächten Körper war das Mittel zu stark gewesen. Sie tranken und tranken am Bach, und als am nächsten Morgen die anderen der Mutter folgten, blieben sie still und unbeweglich. Doch eins war ihnen noch vergönnt im Tode: Sie durften Rache nehmen an einem Stinktier, demselben, das Auskunft darüber geben konnte, wo das Jüngste hingelaufen war. Es fand und verschlang sie und starb eines jämmerlichen Todes an dem Gift, das die kleinen Körper durchdrungen hatte.

Nur noch sieben kleine Fasanen folgten dem Ruf der Mutter. Ihre persönlichen Eigenschaften hatten sich schon früh gezeigt und entwickelten sich nun schnell. Die Schwächlinge waren nicht mehr, nur ein törichtes und ein träges Küchlein war noch da. Das größte, dasselbe, das einst auf dem gelben Blatt gesessen hatte, anstatt sich zu verkriechen, war der ausgesprochene Liebling der Mutter, es war nicht nur das größte, stärkste und schönste der Brut, sondern vor allem das gehorsamste. Der Mutter warnendes »Rrrrr« (Gefahr) bewahrte die anderen nicht immer vor einem gefahrvollen Pfad oder einem verdächtigen Futter, doch ihm schien Folgsamkeit ganz natürlich, es versäumte nie, auf ihr sanftes »K-riet« (Kommt) zu antworten, und für diesen Gehorsam erntete es später den verdienten Lohn, denn es lebte länger als die anderen auf dieser Erde.

August, der Mausermonat, ging vorüber, die Jungen waren um zwei Drittel gewachsen und wußten gerade genug, um sich für erstaunlich weise zu halten. Als sie klein waren, mußten sie auf dem Boden schlafen, damit ihre Mutter sie zudecken konnte, aber jetzt waren sie zu groß dazu, und die Alte begann, die Lebensweise Erwachsener einzuführen. Zur Zeit war es sicherer, in den Bäumen zu übernachten, denn die jungen Wiesel, Füchse, Stinktiere und Sumpfottern fingen an im Wald umherzulaufen, und auf der Erde wurde es mit jeder Nacht gefährlicher. Mutter Fasan rief darum bei Sonnenuntergang »K-riet« und schwang sich in einen dichten, niedrigen Baum.

Die Kleinen folgten, ausgenommen eins, ein eigensinniges Närrchen, das darauf bestand, wie zuvor auf der Erde zu schlafen. Alles ging gut in dieser Nacht, aber in der nächsten weckte die Geschwister ein klägliches Schreien. Dann folgte Totenstille, die nur unterbrochen wurde durch das nervenerschütternde Knacken von Knochen und das wollüstige Schmatzen von Lippen. Sie starrten hinab in das grauenhafte Dunkel unter ihnen, und das grünliche Glänzen von zwei dichtstehenden Augen, ein eigenartig muffiger Geruch verriet ihnen, daß eine Sumpfotter der Mörder ihres törichten Bruders gewesen ist.

Sechs kleine Fasane saßen nun nachts aufgereiht neben ihrer Mutter, doch oft ließ sich eins der Kleinen, wenn es kalte Füße hatte, auch auf dem Rücken der Alten nieder.

Ihre Bildung machte gewaltige Fortschritte, und die Mutter begann nun, ihnen ein neues Kunststück beizubringen, das »Schwirren«. Wenn ein Fasan will, kann er sich ganz leise auf seinen Schwingen erheben, aber zu Zeiten ist das Schwirren so wichtig, daß es alle lernen müssen, wie und wann man sich mit sausendem Flügelschlag erheben muß. Mancher Erfolg wird durch das Schwirren gesichert. Es warnt alle Fasane vor nahender Gefahr, es macht des Schützen Hand unsicher, oder es

Ernest Seton Thompson

zieht die Aufmerksamkeit des Feindes auf den Schwirrer, während sich die übrigen still davonmachen oder der Beachtung entziehen, indem sie sich zusammenducken.

Ein altes Fasanensprichwort sagt: »Die Feinde und das Futter wechseln mit dem Mond.« – Der September kam mit kräftigen Samen und Körnern anstelle der köstlichen Beeren und Ameiseneier und mit gefährlichen Jägern anstelle der schleichenden Stinktiere und Sumpfottern.

Die Fasane wußten wohl, wie ein Fuchs aussah, und daß er leicht irrezuführen war, indem man sich in den nächsten Baum flüchtete, doch einen Hund hatten sie nie gesehen. Als nun im Jägermonat Alt-Cuddy mit seinem schmutziggelben Köter die Bergschlucht durchstreifte, erspähte ihn die Mutter und rief ihren Kindern ein lautes »Kwit, Kwit« (Flieht, flieht) zu. Zwei der Hühnchen konnten nicht begreifen, weshalb die Mutter so ängstlich zur Flucht mahnte und glaubten ihren Mut dadurch beweisen zu müssen, daß sie sich ungeachtet des ängstlich wiederholten »Kwit, kwit« im nächsten Baum niederließen.

Inzwischen war der Hund bis unter den Baum gekommen und kläffte sie an. Dies sowohl als auch das sonderbare Benehmen ihrer Mutter und Geschwister belustigte sie derartig, daß sie ein Rascheln in den Büschen gar nicht bemerkten, bis ein lautes »Bäng, bäng« erscholl und zwei kleine blutige flatternde Fasane herabfielen, um von dem gelben Köter ergriffen und hin- und hergezerrt zu werden, bis der Schütze aus dem Gebüsch heraussprang und sich die traurigen Überreste sicherte.

3

Cuddy wohnte in einer armseligen Hütte in der Nähe des Don, nördlich von Toronto, und lebte, was griechische Philosophie ein ideales, beneidenswertes Dasein genannt haben

würde. Er hatte weder Eigentum noch eine gesellschaftliche Stellung, bezahlte keine Steuern und stellte keinerlei Ansprüche ans Leben. Er brachte seine Tage mit Nichtstun zu, mied die Arbeit und hielt sich die meiste Zeit im Wald auf. Er glaubte ein wahrer Sportsmann zu sein, weil er ein Freund des Jagens war und weil es ihm Freude bereitete, wenn das Wild, auf das er es abgesehen hatte, sich zu Tode getroffen am Boden wälzte. Die Nachbarn behandelten ihn als rechtlosen und vogelfreien Eindringling und sahen in ihm weiter nichts als einen Landstreicher. Er schoß und stellte Fallen das ganze Jahr hindurch, und man hatte ihn sagen hören, daß er die Monate am Geschmack der Fasane erkennen könnte, wenn er sie nicht zufällig aus dem Kalender wüßte. Dies bewies ohne Zweifel eine scharfe Beobachtungsgabe, war aber leider auch zugleich der Beweis für etwas, das ihm weniger Ehre machte. Die gesetzliche Schußzeit für Fasane begann am 15. September, aber die Leute wunderten sich nicht, wenn Cuddy schon vierzehn Tage vorher zu jagen begann. Dennoch verstand er es, sich Jahr für Jahr der strafenden Gerechtigkeit zu entziehen.

Selten schoß Cuddy einen Vogel flügellahm, er zog es vor, sein Wild sicher zu erlegen. Dies war nicht leicht, wenn das Laub noch auf den Bäumen war, und mag auch der Grund gewesen sein, daß unsere Familie in der Bergschlucht so lange unbehelligt umhergelaufen war. Doch gab es noch andere Schützen in der Gegend, und aus Furcht, daß diese ihm zuvorkommen könnten, hatte er sich auf den Weg gemacht. Er hatte kein Flügelrauschen vernommen, als die Vogelmutter mit ihren vier überlebenden Kindern davongeflogen war, er steckte daher seine zwei kleinen Opfer in die Tasche und kehrte zu seiner Hütte zurück.

So lernten die kleinen Hühner, daß ein Hund kein Fuchs ist, und daß man ihn anders zu behandeln hatte, und die uralte

Weisheit prägte sich ihnen tief ein: Gehorsam bringt langes Leben.

Den Rest des Septembers hatten sie genug damit zu tun, sowohl umherstreifenden Jägern als auch alten Feinden aus dem Weg zu gehen. Wie zuvor übernachteten sie auf den langen, dünnen Zweigen zwischen den dichtesten Blättern, die sie vor Gefahren aus der Luft beschirmten, während die Höhe der Bäume sie vor Feinden von unten beschützte und nichts zu fürchten übrigblieb außer dem Waschbären, deren langsamer, schwerer Tritt auf den biegsamen Zweigen sie stets zur rechten Zeit warnte. Aber die Blätter begannen nun zu fallen, und »die Feinde und das Futter wechseln mit dem Mond«. Es war die Zeit der Nüsse, aber auch die Zeit der Eule. Die Steineule kam von Norden und verdoppelte oder verdreifachte die Gefahren. Die Nächte wurden kälter und die Waschbären ungefährlicher, deshalb verlegte die Mutter das Nachtquartier in das dichte Nadelgewirr einer Tanne.

Nur eins der Jungen mißachtete der Mutter warnendes »Kriet, kriet«, es blieb auf seinem schwankenden, nun nahezu blätterlosen Ulmenzweig sitzen, und eine große Eule mit gelbglitzernden Augen trug es davon, noch ehe der Morgen graute.

Mutter und drei Kinder waren nun übriggeblieben, doch die Kleinen waren ebensogroß wie die Alte, ja der Älteste, der auf dem Blatt gesessen war, war sogar größer. Ihre Halskrausen fingen an sich zu zeigen, zunächst nur die Spitzen, um anzudeuten, wo sie einst prangen sollten, wenn sie ausgewachsen sein würden, und man glaubt nicht, wie stolz sie darauf waren. Die Krause bedeutet für den Fasan dasselbe, wie der Schweif für den Pfau – seine Schönheit, seinen Stolz. Die Krause einer Henne ist schwarz mit einem leichten grünen Schimmer, die eines Hahnes bedeutend bunter und schwärzer und glänzt in lebhaftem Grün. Zuweilen taucht ein Fasan von ungewöhnlicher Größe und Kraft auf, dessen Krause nicht nur üppiger ist, sondern auch durch ein wunderbares Naturspiel ein tiefes Kupferrot aufweist, schillernd in violetten, grünen und goldenen Tönen. Ein solcher Vogel ist sicher ein Wunder, und der kleine, der auf dem Blatt gekauert hatte und stets getan hatte, was ihm seine Mutter befohlen hatte, strahlte noch bevor der Eichelmonat begann, in der vollen Pracht einer golden- und kupfern schillernden Krause – das war Rotkrause, der berühmte Fasan aus dem Don-Tal.

<h2 style="text-align:center">4</h2>

Eines Tages im Eichelmonat, das heißt ungefähr Mitte Oktober, als sich die Fasanenfamilie mit vollen Kröpfen neben einem umgestürzten Fichtenstamm in den wärmenden Strahlen der Mittagssonne badete, vernahm sie plötzlich den entfernten Knall eines Gewehrs. Da sprang Rotkrause, einem inneren Drang folgend, auf den Stamm, stolzierte ein paarmal auf und ab, erhob sich dann hoch in die helle, klare und würzige Luft und schwirrte laut und herausfordernd mit den Flügeln. Gerade wie ein Füllen seinem Wohlbehagen durch ein helles Wiehern Ausdruck verleiht, schwirrte er im Vollgefühl seiner Kraft lauter und lauter, bis er schließlich ohne es zu wollen »trommelte«. Stolz auf seine neue Kunst schwang er die mächtigen Flügel wieder und wieder durch die Luft und erfüllte die Waldung mit dem lauten Trommeln eines erwachsenen Fasans. Seine Geschwister hörten und sahen es mit Bewunderung und Erstaunen; auch seine Mutter bemerkte es, und sie behandelte ihn von diesem Tag an mit einer gewissen ängstlichen Scheu.

Der Anfang des Novembers bringt einen unheimlichen Feind. Einem seltsamen Naturgesetz folgend, das auch über den Menschen zuweilen Macht gewinnt, verlieren alle Fasanen im November ihres ersten Lebensjahres den Verstand. Sie sind von einem wahnsinnigen Verlangen besessen, irgendwohin zu fliegen, ohne ein bestimmtes Ziel im Auge zu haben, und selbst die Vernünftigen unter ihnen benehmen sich in dieser Zeit albern. In Scharen durchziehen sie nachts im schnellen Flug das Land und werden von Drähten zerrissen, oder stürzen sich in die flammenden Lichter der Leuchttürme oder die blinkenden Augen der Lokomotiven. Am Tag findet man sie dann an den absonderlichsten Orten, in Gebäuden, auf weiten Sumpfwiesen, in den Hochspannungsdrähten der großen Städte hängend oder sogar an Bord der Küstenschiffe. Dieser Wahnsinn scheint das Überbleibsel einer uralten Gewohnheit des Wohnungswechsels zu sein und hat schließlich ein Gutes, er löst die Familien auf und verhindert das Untereinanderheiraten, was am Ende der Rasse zum Verhängnis werden würde. Im ersten Jahr überfällt er die Jungen immer am schlimmsten, und im zweiten Herbst können sie ihn wieder bekommen, denn er ist sehr ansteckend, aber im dritten Jahr sind sie erfahrungsgemäß frei davon.

Rotkrauses Mutter wußte, daß er kommen mußte, sobald sie die Weinbeeren schwarz werden sah und der Ahorn sein goldenes Laub fallen ließ. Doch da war nichts zu tun, als für die Gesundheit der Kinder zu sorgen und sie im stillsten Teil der Wälder zu halten.

Das erste Anzeichen kam, als ein Volk wilder Gänse über ihren Köpfen hinweg südwärts zog. Solche langhalsige Habichte hatten die Jungen vorher nie gesehen, und sie fürchteten sich vor ihnen. Aber da sie sahen, daß ihre Mutter keine sonderliche Angst zeigte, faßten sie Mut und beobachteten die über sie dahinziehenden Auswanderer mit regem Interesse. War es der wilde, kreischende Schrei, der sie erregte, oder war es nur der innere Drang, der sich Bahn brach? – Ein heißes Seh-

nen, den wilden Vögeln zu folgen, ergriff die Jungen. Sie beobachteten die schnell im Süden verschwindenden Trompeter
und suchten sich höhere Sitze, um sie noch weiter mit den Augen zu verfolgen. Von diesem Tag an waren sie wie umgewan-
delt.

Der Novembermond nahm zu, und als er voll war, brach
der Novemberwahnsinn aus. Die Schwächlinge der Brut wurden von der Krankheit am ärgsten befallen, und die kleine Familie wurde in alle Winde zerstreut. Selbst Rotkrause machte
lange, ziellose Nachtreisen, es trieb ihn südwärts, doch dort
glänzten ihm die tiefen Wasser des Ontario-Sees entgegen,
und er kehrte um. Ende November zog er wieder in die
Schlucht am Schlammbach ein, aber sie war verlassen.

5

Mit dem Einzug des Winters war das Futter spärlich geworden, und Rotkrause hielt sich wieder in der alten Bergschlucht
mit ihren fichtenbewachsenen Hängen auf. Doch die alte Fasa-
nenweisheit lehrte: »Futter und Feinde wechseln mit dem
Mond.« So hatte der »Irrmonat« Wahnsinn, Einsamkeit und
Weintrauben gebracht, der Schneemonat Hagebutten, und der
Sturmmonat kam mit Birkenschößlingen und Schneestürmen,
die die Wälder mit Eis überzogen und es ungemein erschwer-
ten, beim Abbeißen der erfrorenen Knospen einen festen Sitz
zu behalten. Rotkrauses Schnabel wurde durch die harte Arbeit derart abgenutzt, daß, selbst wenn er ihn geschlossen hielt,
hinter dem Haken eine Öffnung sichtbar wurde. Die Natur
hatte ihn für den glatten, schlüpfrigen Boden wohl ausgerüstet, denn seine Zehen, die noch im September zart und weich
gewesen waren, wurden nun scharf und spornbedeckt und
wuchsen mit der zunehmenden Kälte, bis ihn der erste Schnee

mit starken Schneeschuhen und Eissporen ausgerüstet fand. Das kalte Wetter hatte die meisten Habichte und Eulen davongetrieben und machte es den vierfüßigen Feinden der Fasane unmöglich, sich ungesehen zu nähern. Die Vorteile und Nachteile des Winters waren so beinahe ausgeglichen.

Die Suche nach Nahrung führte Rotkrause aber täglich weiter und weiter, bis er schließlich die Rosdale-Schlucht mit ihren Silberbirken und Castle Frank mit seinen Weintrauben und Vogelbeeren entdeckte und gründlich erforschte. Ebenso durchstreifte er die Wälder von Chester, wo die vollen Trauben der Waldrebe im Winde schwankten und verlockende rote Beeren unter dem Schnee glühten.

Bald hatte er herausgefunden, daß die Menschen aus irgendeinem Grund in die hohe Einzäunung von Castle Frank nicht mit Schießgewehren hineingingen, und dort brachte er nun seine Tage zu, entdeckte neue Schlupfwinkel, neues Futter und wurde klüger und schöner von Tag zu Tag.

Zwar war er ganz allein, aber das betrachtete er als kein Unglück. Wohin er auch blickte, überall hüpften die munteren Schwarzmeisen umher, und er erinnerte sich an die Zeit, da sie ihm noch als große, wichtige Wesen erschienen waren. Sie waren die komischsten und fidelsten Bewohner der Wälder; noch ehe der Herbst vorüber war, hatte sie ihren berühmten Kehrreim zu singen begonnen: »Bald Lenz, bald Lenz«,

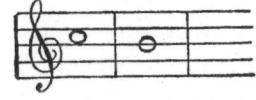

und sie wiederholten ihn frohgemut selbst bei den schaurigsten Stürmen den ganzen Winter hindurch, bis schließlich das Ende des Hungermonds, unseres Februars, herannahte. Jetzt konnten sie mit doppelter Kraft ihre optimistische Weltanschauung verkünden, und sie taten es mit einem Nachdruck, der klang wie: »Ich sagte es euch ja!« Die Sonne gewann an Macht, schmolz den Schnee vom südlichen Abhang und legte breite Beete voll duftenden Wintergrüns bloß, dessen Beeren ein festliches Mahl für Rotkrauses ausgehungerten Magen waren. Mit der harten Arbeit hatte es nun ein Ende; Rotkrause brauchte nicht mehr die erfrorenen Schößlinge mit viel Mühe abzubeißen, und sein Schnabel hatte Ruhe und Zeit, seine ursprüngliche Gestalt wiederzugewinnen. Bald kam auch die erste Bachstelze vorübergeflogen und zwitscherte dabei: »Der Frühling naht!« Die Sonne schien wärmer von Tag zu Tag, und eines Morgens in der Dämmerung ertönte ein lautes »Caw, Caw!«: Alt Silberfleck, die Königskrähe, kam an der Spitze ihrer Truppen schwingend daher, um öffentlich bekanntzugeben:

»Der Frühling ist da!«

Die ganze Natur schien darauf zu antworten. Es war die Eröffnung des »Vogel-Neujahr«, und der Frühling zog ein in jedes Vogelherz, die Schwarzmeisen wurden geradezu verrückt, sie sangen ihr: »Der Lenz ist da, der Lenz ist da« mit einer solchen Beharrlichkeit, daß man sich nur wundern mußte, wie sie noch Zeit zum Futtersuchen fanden.

Auch Rotkrause fühlte, wie es ihn durch und durch erschütterte. Er sprang auf einen Stumpf und ließ mit frischer Kraft ein donnerndes: »Dum, dum, dum, donner – rrrrr« wieder und wieder in das enge Tal hineinschallen. Dort weckte es ein gedämpftes Echo und verbreitete seine Freude über die Ankunft des Frühlings durch die Wälder.

Weit unten im Tal stand Cuddys Hütte. Er vernahm den Trommelruf in der stillen Morgenluft und vermutete, daß droben ein Fasanenhahn zu holen wäre. Er kam die Schlucht mit seiner Donnerbüchse heraufgeschlichen, aber Rotkrause

schwebte lautlos davon und ruhte nicht, bis er wieder im Schlammbachtal anlangte.

Dort ließ er sich auf seinem alten Baumstumpf nieder und trommelte wieder und wieder seinen lauten Zapfenstreich, bis ein kleiner Junge, der im Wald herumgebummelt war, entsetzt nach Hause lief, um seiner Mutter zu erzählen, daß die Rothäute sicher auf dem Kriegspfad wären, denn er hätte ihre Kriegstrommeln im Tal schlagen hören.

Warum gibt wohl ein glücklicher Junge seine Freude durch Jauchzen kund? Warum seufzt wohl ein einsamer Mensch? Sie wissen es ebensowenig wie Rotkrause es wußte, warum er jeden Tag auf einen alten, abgestorbenen Baumstumpf kletterte und seinen Ruf trommelnd und rollend durch die Wälder schallen, oder warum er seine prächtige, schillernde Krause im Sonnenlicht glänzen ließ. Woher kam dieses fremde Sehnen nach einem Genossen, der seine glitzernden Federn bewundern konnte? Und warum war ihm solch' ein Wunsch nicht schon viel früher, vor dem Eintreten des Kätzchenmonds gekommen?

»Dum, dum, donner – rrrrr
dum, dum, donner – rrrrr«
rollte er wieder und wieder.

Tag für Tag besuchte er seinen Lieblingsplatz, und eine neue Zierde, ein rosenroter Kamm, wuchs ihm über jedem seiner klaren, kühnblitzenden Augen, die alten, schwerfälligen Schneeschuhe verschwanden von seinen Füßen, seine Krause wurde majestätischer, sein Auge klarer, und seine ganze Erscheinung war ein prächtiger Anblick, wie er sich spreizte und glitzerte im Sonnengold. Aber er war so einsam.

Doch was konnte er tun, er mußte seinem Sehnen durch tägliche Trommelkonzerte Luft machen, bis eines Morgens früh im schönen Monat Mai, als er sehnsüchtig getrommelt und wieder getrommelt hatte, sein scharfes Ohr ein leises Rascheln

im Gebüsch vernahm. Er erstarrte zur Bildsäule und lauschte; er wußte, man hatte ihn beobachtet. Und war es möglich? Da stand eine zarte Gestalt, ein scheues kleines Fasanenfräulein, die sich verschämt zu verbergen suchte, und einen Augenblick später war er an ihrer Seite. Ihn überkam ein neues, fremdes Gefühl, wie ein brennender Durst, der nach einer kühlenden Quelle sucht, und er stolzierte einher und trug seinen stolzen Putz zur Schau. Woher wußte er, daß ihr das gefallen würde? Er blies seine Federn auf und verstand es, sich so zu stellen, daß die Sonnenstrahlen sich glitzernd darin brachen, und ließ ein sanftes Glucksen hören, das wohl dasselbe bedeutete, wie das süße Geplauder höherer Wesen; denn das war offensichtlich: ihr Herz war gewonnen. Gewonnen und zwar schon lange vorher, wenn er es nur bemerkt hätte. Volle drei Tage war sie seinem lockenden Trommeln gefolgt, hatte ihn sittsam von weitem bewundert und sich ein wenig gekränkt gefühlt, daß er sie noch nicht entdeckt hatte, obwohl sie doch so dicht bei ihm gewesen ist. So war dieses leichte Rascheln im Gebüsch vielleicht nicht ganz Zufall gewesen. Doch jetzt neigte sie demütig ihr Köpfchen mit süßer, hingebender Huld – die einsame Reise durch die öde Wüste war überstanden, der durstgequälte Wanderer hatte die kühlende Quelle am Ende doch gefunden.

Das war eine glückliche, herrliche Zeit im lieblichen Tal – mit dem häßlichen Namen. Niemals hatte die Sonne so klar geschienen, und die Luft war mit balsamisch-süßem Fichtenduft erfüllt. Tag für Tag kam der große, edle Vogel zu seinem Lieblingsplatz, zuweilen mit ihr, zuweilen auch allein und trommelte und rollte vor lauter Freude am Leben. Doch warum zuweilen allein? Warum kam er nicht immer mit seiner kleinen, braunen Gattin? Stundenlang blieb sie bei ihm zum festlichen Mahl und süßen Liebesspiel, dann plötzlich entschlüpfte sie ihm und war verschwunden bis zum nächsten Tag, wenn der laute Kriegsgesang vom alten Baumstumpf herüber erschallte

und ihr gebieterisch befahl, zurückzukehren. Ein tiefes Waldgeheimnis schwebte zwischen dem liebenden Paar, das Rotkrause nicht zu durchdringen vermochte. Was war wohl der Grund, daß sie von Tag zu Tag länger ausblieb, bis sie schließlich eines Morgens seinem Ruf nicht folgte? Der zweite Tag verstrich, ein dritter ging zur Neige, doch sie war nicht gekommen, und Rotkrause, wild vor Erregung, durchmaß sausenden Flugs die Wälder, ließ seinen Ruf vom alten Stumpf erschallen, flog stromauf, stromab, hinüber zum Hügel und hinunter ins Tal und trommelte und rollte voll Sehnsucht – aber vergeblich. Als sein Lockruf am vierten Tag durch die Wälder klang, hörte er plötzlich wie beim ersten Zusammentreffen ein Geräusch in den Büschen; da stand die Vermißte, und unter ihren schützenden Flügeln und um sie herum piepsten zehn kleine, niedliche Küken.

Rotkrause ließ sich an ihrer Seite nieder und erschreckte die helläugigen Flaumbällchen ganz furchtbar durch sein plötzliches Erscheinen. Die Brut scharte sich um die Mutter, um ihm zu zeigen, daß sie nun ein größeres Anrecht hatten, als er. Zuerst schien ihn das etwas zu verwundern, aber bald gewöhnte er sich an die Veränderungen, blieb von dieser Stunde an bei den Kleinen und sorgte für sie, wie sein Vater es niemals für ihn getan hatte.

6

Gute, fürsorgende Väter sind eine große Seltenheit in der Fasanenwelt. Die Mutter baut ihr Nest und brütet die Kleinen ohne Hilfe aus, ja sie verbirgt sogar das Nest vor dem Vater und trifft ihn nur am Trommelstamm und auf der Futtersuche, oder vielleicht im Staubbad, welches der Versammlungsort für das Hühnergeschlecht ist.

Als die Kleinen ausgekrochen waren, hatte die Mutter keine Gedanken mehr für irgend etwas anderes, selbst den schönen Vater hatte sie darüber vergessen. Am dritten Tag aber, als die Jungen stark genug waren, um ihre dünnen Beinchen zu gebrauchen, hatte sie die Kleinen zum Vater geführt.

Viele Väter zeigen nicht das geringste Interesse für ihre Kinder, aber Rotkrause war eine rühmliche Ausnahme und half sofort die Brut großziehen. Die Kleinen hatten genau wie seinerzeit ihr Vater essen und trinken gelernt und wackelten daher mit der Mutter als Führerin an der Spitze, während Rotkrause in der Nähe umherstreifte, oder den Rückzug deckte.

Eines Tages, als die Familie im Gänsemarsch zum Fluß wanderte, beobachtete ein neugieriges Eichhorn von einem Fichtenstamm herab den feierlichen Zug mit Rundi, dem Jüngsten und Schwächsten, hinterdreintrippelnd. Rotkrause, der sich auf einem hohen Stamm sein glänzendes Gefieder putzte und zurechtstrich, war dem Auge des Eichhorns entgangen, in dessen Herzen sich ein seltsamer Durst nach Vogelblut beim Anblick der zarten, kleinen Dingerchen eingeschlichen hatte. Mit der mörderischen Absicht, dem dahinwackelnden Nachzügler den Weg abzuschneiden, sprang der rote Räuber hervor. Die Mutter war schon zu weit, um ein Unglück verhüten zu können, aber Rotkrause war zur Stelle. Er flog dem rothaarigen Halsabschneider entgegen und versetzte ihm mit seinen kräftigen Flügeln einen furchtbaren Schlag. Er traf das Eichhorn auf die zarteste Stelle, gerade auf die Nase, und warf es in einen Reisighaufen. Dort lag es nun nach Luft schnappend, und rote Tropfen rannen von seiner bösen Schnauze herab. Die Fasane ließen es dort liegen, und von diesem Tag an behelligte es sie niemals wieder.

Sie wanderten ihren Weg zum Wasser; doch vor ihnen war eine Kuh gegangen und hatte tiefe Eindrücke im sandigen Lehm zurückgelassen, in einen von diesen fiel ein unvorsichti-

Ernest Seton Thompson

ges Küchlein, und piepste ganz jämmerlich in seiner Bedräng-
nis, als es nicht wieder herauskonnte.

Das war eine ganz verzweifelte Lage. Keins der Alten schien
Rat zu wissen, und sie liefen ängstlich am Rande hin und her.
Da plötzlich gab der Sand nach und bildete eine schiefe Ebene,
auf welcher das Kleine heraufrannte und sich glücklich den
Geschwistern wieder anschloß.

Die hübsche, kleine Mutter war von zierlicher Gestalt, aber
sie besaß einen scharfen Verstand und war als echte Mutter
Tag und Nacht um das Wohl ihrer Lieblinge bedacht. Stolz
schritt und gluckste sie durch die heimatlichen Wälder mit den
zarten Kleinen hinterdrein. Ihren kleinen, braunen Schweif
spannte sie fächerförmig auf, um den Jungen möglichst viel
Schatten zu geben, und vor keinem Feind wich sie zurück, sondern war stets bereit zu kämpfen oder zu fliehen, je nachdem,
was ihr das Beste für ihre Kleinen schien.

Ehe die Küchlein noch fliegen konnten, hatten sie schon eine Begegnung mit Alt-Cuddy; denn obgleich es erst Juni war,
war er mit seinem mörderischen Gewehr draußen. Mit Tike,
seinem Hund, kam er die Schlucht herauf, und der Köter kam
der Brut so gefährlich nahe, daß Rotkrause ihm entgegenlief,
um ihn mit Hilfe des alten, nie fehlschlagenden Tricks weit in
das Don-Tal hinabzulocken.

Das Unglück wollte es, daß auch Cuddy gerade auf die Brut
zukam, die Mutter gab ihren Kindern das Zeichen »Krr, krr«
(Versteckt euch!) und lief dem Mann entgegen, wie ihr Gatte
dem Hund. Erfüllt von wahrer Mutterliebe schlüpfte sie
geräuschlos dahin, bis sie dicht vor ihm stand, dann schwang
sie sich mit sausendem Flügelschlag in die Höhe, taumelte
aber wieder in das Laub zurück und stellte sich so flügellahm,
daß sie den Wilddieb für einen Augenblick irreführte. Als sie
aber dann, einen Flügel hinter sich herschleifend, langsam da-
vonkroch, wußte er genau, was dies bedeuten sollte – er wuß-

te, daß es nur ein Kniff war, um ihn von den Jungen wegzulocken, und er holte zum furchtbaren Streich aus. Die kleine Mutter war geschickt, sie wich dem Schlag behend aus und hinkte hinter ein Bäumchen, um dort dasselbe Spiel von neuem zu beginnen. Wieder versuchte Cuddy, sie mit einem Stock niederzuschlagen, aber noch zur rechten Zeit sprang sie beiseite, und tapfer und standhaft flatterte sie vor ihm her, um ihn von ihren hilflosen Kleinen wegzulocken. Cuddy, wütend gemacht durch wiederholte verunglückte Versuche, sie zu erschlagen, erhob sein Gewehr, feuerte eine Ladung ab, die genügt hätte, um einen Bären zu töten, und die arme, tapfere, aufopfernde Mutter war nicht mehr.

Der Wilddieb wußte genau, daß die Jungen irgendwo in der Nähe versteckt sein mußten und suchte umher, um sie zu finden, aber nicht eins regte sich oder piepste. Er konnte sie nicht entdecken, aber wie er so umhertrampelte mit seinen großen tollpatschigen Füßen, erwischte er ihr Versteck und trat mehr als einen der stillen, kleinen Dulder zu Tode. Doch was kümmerte es ihn?

Rotkrause hatten den gelben Köter weit weg stromabwärts geführt und kehrte nun zu der Stelle zurück, wo er seine Gattin verlassen hatte. Der Mörder war inzwischen gegangen und hatte die blutigen Überreste der armen Mutter mitgenommen, um sie dem Hund vorzuwerfen. Rotkrause suchte umher und fand die blutbefleckte Stelle und ringsumher verstreute Federn seiner Gattin. Nun wußte er, wem der Schuß gegolten hatte.

Wer kann sein Entsetzen und seine Trauer beschreiben? Äußerlich war ihm nicht viel anzumerken, stumm starrte er einige Minuten lang mit niedergeschlagenem, traurigem Blick auf die Stelle, aber bei dem Gedanken an die hilflosen Jungen kam er schnell wieder zu sich. Er lief hinüber zum Versteck und rief das bekannte »Kriet, kriet«, aber nur sechs kleine

Flaumbällchen öffneten ihre glänzenden Äuglein und liefen ihm entgegen, denn vier kleinen, gefiederten Körperchen war das Versteck zum Grab geworden. Rotkrause wiederholte seinen Ruf, bis er sicher war, daß alle, die antworten konnten, gekommen waren, dann führte er sie von dem schrecklichen Platz weit, weit weg stromaufwärts, wo Stacheldrahtzäune und Brombeerdickichte einen zwar wenig anmutigen, aber zuverlässigen Schutz boten.

Hier wuchs die Brut auf und wurde von ihrem Vater erzogen, gerade wie seine Mutter ihn erzogen hatte, und sein großes Wissen und seine Erfahrung boten ihm dabei große Vorteile. Sie wuchsen und gediehen, und als der Jägermonat kam, fand er eine stattliche Familie von sechs erwachsenen Fasanen mit Rotkrause, strahlend in seinen kupferschimmernden Federn an der Spitze. Nach dem Verlust seiner Gattin hatte er aufgehört zu trommeln; aber das Trommeln bedeutet für den Fasan dasselbe wie der Gesang für die Lerche, es ist sein Liebeslied und der Ausdruck strotzender Kraft und Gesundheit. Als die Mauser vorbei war und der September ihm seine prächtigen Federn wiedergebracht und ihn gekräftigt hatte, lebte sein Geist wieder auf, und als er sich eines Tages in der Nähe des alten Stumpfes befand, bestieg er ihn von einer inneren Macht getrieben und trommelte wie in alten Tagen.

Von jetzt an trommelte er oft, seine Kinder saßen um ihn herum, oder eins bekundete seine edle Abstammung, schwang sich auf einen nahen Baumstumpf oder Stein und ließ die Luft von einem lauten Zapfenstreich erzittern.

Die schwarzen Trauben und der Irrmonat kamen, aber Rotkrauses Junge waren ihres großen Vaters würdig, in dem gesunden Körper wohnte ein starker Geist, und obgleich sie vom Wahnsinn befallen wurden, hatten sie ihn bereits nach einer Woche überwunden, und nur drei waren davongeflogen auf Nimmerwiedersehen.

Als der Schnee kam, hauste Rotkrause mit seinen drei Kindern, die ihn nicht verlassen hatten, im alten Heimattal. Es war nur ein leichter, flockiger Schnee, und da das Wetter nicht übermäßig kalt war, übernachtete die Familie unter den niedrigen, flachen Zweigen einer Zeder. Am nächsten Tag fiel der Schnee dichter, es wurde kälter, und die Schneewehen türmten sich hoch auf. Nachts hörte es auf zu schneien, aber der Frost setzte mit aller Härte ein. Rotkrause führte die Familie zu einer Birke, vor der sich eine tiefe Schneebank erhob, kroch in die weichen Himmelsfedern, und die anderen folgten ihm. Der Wind deckte sie mit reinen, weißen Bettüchern zu, und so schliefen sie wohlgeborgen die ganze Nacht. Am nächsten Morgen fanden sie eine Eiswand vor sich, die vom warmen Atem zusammengefroren war, aber sie schoben sie mit Leichtigkeit zur Seite und erhoben sich auf Rotkrauses Morgenruf »Kriet, kriet, kwit!« (Kommt Kinder, fliegt!)

Dies war ihre erste Nacht in einer Schneewehe, für Rotkrause hingegen war es eine alte Geschichte, und am nächsten Abend tauchten sie vergnügt in ihr warmes Bett hinab, und der Nachtwind deckte sie fürsorglich zu. Der Wind drehte sich nach Osten, und das Wetter schlug um; der Schneefall machte einem heftigen Eisregen Platz. Die weiten Wälder waren mit Eis überzogen, und als die Hühner erwachten, um ihre Betten zu verlassen, waren die Eingänge von einer dicken, unbarmherzigen Eisschicht verschlossen.

Der tiefere Schnee war noch ganz weich, und Rotkrause bohrte sich einen Weg nach oben, aber dort trotzte die harte, weiße Decke seiner Kraft. Er konnte hämmern und sich abarbeiten, soviel er mochte, er gelangte zu keinem Ergebnis und zerschlug sich nur Flügel und Kopf. Aus Freude und Ungemach hatte sein Leben bestanden bis zu diesem Tag, aber dies schien der härteste Schlag von allen zu sein. Die Stunden schlichen langsam dahin, und er schwächte seine Kräfte durch fruchtlose Bemühungen, doch dem Ziel kam er nicht näher. Dazu mußte er das verzweifelte Kämpfen seiner Kinder hören oder zuweilen einen langgedehnten, klagenden Hilferuf: »Piet, piet.«

Vor ihren Verfolgern waren sie geschützt dort unten in ihrem traurigen Gefängnis, aber nicht vor den Qualen des Hungers. Zuerst hatten sie gefürchtet, der Fuchs würde kommen und sie dort finden; als aber die zweite Nacht der Morgendämmerung wich, war auch dies ihnen gleich, und sie wünschten sogar, er möchte kommen, die Kruste brechen und ihnen wenigstens die Gelegenheit bieten, um ihr Leben zu kämpfen.

Am Spätnachmittag des dritten Tages war es Rotkrause endlich gelungen, ein Loch in die glasige Decke zu picken, neues Leben erfüllte ihn bei diesem Erfolg, und er arbeitete und arbeitete, bis er kurz vor Sonnenuntergang den Kopf und den Hals mit der schillernden Krause durch das Loch stecken konnte. Die Schneekruste bröckelte unter dem Druck seiner breiten, kräftigen Schultern, und er sprang heraus, aus seinem eisigen Kerker befreit. Doch was war aus den Jungen geworden? Rotkrause flog zum nächsten Busch und stillte seinen nagenden Hunger mit einigen Hagebutten, dann kehrte er hastig zur Schneewehe zurück und gluckste und rief, aber nur einer der armen Gefangenen antwortete. Ein schwaches »Piet, piet« spornte ihn zu wütendem Scharren mit seinen scharfen Krallen an, und als die Eisdecke brach, kroch *Grauschwanz* ans Tageslicht, doch das war alles. Als der Schnee im Frühling schmolz, kamen zwei kleine Leichen zum Vorschein: Haut, Knochen und Federn – weiter nichts.

7

Es dauerte wohl einige Wochen, bis sich Rotkrause und Grauschwanz vollkommen wieder erholten, doch gutes Futter und Ruhe im Überfluß sind sichere Heilmittel, und an einem schönen, klaren Tag um die Wintersonnenwende saß Rotkrause wie in verflossenen Tagen auf seinem Baumstumpf und ließ die Luft mit majestätischem Trommeln erzittern. War es das Trommeln, oder waren es verräterische Spuren im Schnee, die Cuddy ihren Aufenthaltsort verrieten? Tag für Tag durchstreifte er mit Hund und Gewehr die Schlucht mit der festen Absicht, die Fasane von der Bildfläche verschwinden zu lassen. *Sie* kannten ihren beharrlichen Verfolger schon lange, doch jetzt machte *er* Anstalten, sie näher kennenzulernen. Der prächtige Fasan mit der kupferfarbenen Krause fing an, im ganzen Tal berühmt zu werden. Manch einer versuchte, während des Jägermonds ihm das Lebenslicht auszublasen, doch Rotkrause war zu vertraut mit den Lehren der Waldeskunde.

Cuddy aber hörte nicht auf, ihn mit seinem Gewehr zu verfolgen; manchen Schuß verknallte er vergebens, denn wie ein Wunder fand sich stets ein Baum, eine Moosbank oder irgendein sicherer Schutz, und Rotkrause lebte, gedieh und trommelte.

Als der Schneemond ins Land zog, wanderte er mit Grauschwanz aus, und zwar in den Wald von Castle Frank, denn dort gab es Futter im Überfluß und mächtige, uralte Bäume. Am Südabhang stand inmitten kriechender, niedriger Kiefern eine schlanke Fichte. Ihr hoch über die anderen Bäume hinausragender Gipfel beherbergte im Sommer den Eichelhäher und seine Braut. Dort oben außer Schußweite sang und tanzte der Häher an lauen Frühlingstagen vor seiner Gespielin, ließ seine glänzenden, blauen Federn im Sonnenlicht strahlen

und trällerte die süßeste Melodie, so süß und schmelzend wie aus dem Märchenland.

Nahe dieser Fichte lebte jetzt Rotkrause mit seinem einzigen, noch übriggebliebenen Jungen; doch nicht die Krone hoch droben in der klaren Luft, sondern der Fuß des stolzen Baumes war es, der ihn interessierte. Fasanenwein und Wintergrün wuchsen unter den niedrigen Kiefern, und der Schnee barg körnerstrotzende Fichtenzapfen. Einen passenderen Futterplatz gab es nicht, der starke Fichtenstamm gewährte dazu Schutz vor dem tödlichen Blei, und wenigstens ein dutzendmal rettete er während der Jagdzeit den Fasanen das Leben. Hier war es, wo Cuddy, mit ihren Gewohnheiten vertraut, eine neue Falle legte. Lauernd lag er im Versteck, während ein Genosse die Vögel aufzuschrecken versuchte, trampelnd kam er durch das niedrige Dickicht, wo Rotkrause und Grauschwanz beim üppigen Mal saßen. Lange bevor der Schütze in gefährlicher Nähe war, warnte Rotkrause leise »Rrr – rrr« (Gefahr!) und lief schnell auf die große Fichte zu. Grauschwanz befand sich in einiger Entfernung oben auf dem Hügel und erblickte plötzlich einen neuen Feind, den gelben Köter, der gerade auf ihn loskam. Das Dickicht hinderte Rotkrause, ihn zu sehen, und Grauschwanz geriet infolgedessen in begreifliche Aufregung.

»Kwit, kwit« (Flieg, flieg) schrie er und kam den Hügel herabgelaufen. »Kriet, rrr« (Hierher, verstecke dich!) rief der besonnenere Vater, denn der Mann mit dem Gewehr kam jetzt in Schußweite. Er lief hinter den dicken Stamm, und als er dort einen Augenblick stehenblieb, um Grauschwanz nochmals zuzurufen »Hierher, hierher«, hörte er plötzlich ein leises Geräusch, das ihm das Versteck des anderen Schützen verriet. Grauschwanz erhob sich in die Luft, als der Hund auf ihn lossprang, flog hinter den schützenden Stamm und befand sich

nun in der Gewalt des elenden Schuftes, der dort versteckt lag.

»Schwirr« und er erhob sich, ein herrliches, edles Wesen.

»Bäng« und herab stürzte er, zu Tode getroffen und blutend, in den weißen Schnee.

Für Rotkrause war es ein gefährlicher Platz, denn da war keine Möglichkeit, ungesehen aufzufliegen, darum duckte er sich flach nieder. Der Hund kam in gefährliche Nähe, und der Fremde ging dicht an ihm vorbei, aber Rotkrause rührte sich nicht, bis sich Gelegenheit bot, hinter den dicken Fichtenstamm zu schlüpfen. Dort flog er auf und schwebte lautlos davon, seinem einsamen Tal zu.

Alle seine Lieben hatte das tödliche Blei dahingerafft, und vollkommen vereinsamt war er allein zurückgeblieben. Der Schneemond verstrich, Rotkrause entkam seinen Feinden oft nur mit knapper Not, denn da er der einzige Überlebende seines Geschlechts war, wurde er mit unbarmherzigem Eifer verfolgt.

Am Ende schien es Zeitverschwendung, ihm mit dem Gewehr nachzustellen, und als der Schnee am tiefsten war und das Futter am spärlichsten, heckte Cuddy einen neuen Anschlag aus. Über Rotkrauses Futterplatz verteilte er eine Menge tückischer Schlingen. Ein Hase, ein alter Freund, zernagte mehrere mit seinen scharfen Zähnen, aber einige blieben übrig, und Rotkrause, der irgend etwas in der Luft beobachtete, trat richtig in eine hinein. Augenblicklich wurde er in die Luft geschleudert und baumelte hilflos an einem Bein. –

Haben die armen Tiere gar keine moralischen oder gesetzlichen Rechte? Und welches Recht hat der Mensch, seiner Mitkreatur solch' lange, furchbare Martern aufzuerlegen, nur weil dieses Geschöpf nicht seine Sprache spricht? – Den ganzen Tag hing der bedauernswerte Rotkrause in der Schlinge und schlug mit seinen mächtigen, starken Schwingen in hilflosen

Versuchen, sich zu befreien. Den ganzen Tag, die ganze Nacht schwebte er zwischen Himmel und Erde, bis er sich nur noch nach dem Tod sehnte. Aber er erlöste ihn nicht! Der Morgen brach an, der Tag verstrich und noch hing er, langsam sterbend. Die zweite Nacht kroch heran, und eine große Steineule, die durch das schwache Flattern herangelockt wurde, machte der Qual ein Ende. Sie verrichtete ein gutes Werk!

Der Wind blies von Norden das Tal herab, der Schneesturm brauste über das runzelige Eis, über das unwirtliche Marschland in Richtung Sturm-See und streute zerzauste, in Regenbogenfarben schillernde Federn über das Land, den Stolz des letzten Fasans aus dem Don-Tal.

Denn keiner kommt mehr nach Castle Frank. Die Waldvögel vermissen den kriegerischen Frühlingsgruß, und der alte Fichtenstumpf im Schlammbachtal ist verfault und zerfallen.

Wully

Ein Schäferhund

Wully war ein kleiner, gelber Köter. Unter der verächtlichen Bezeichnung Köter versteht man gewöhnlich einen rasselosen Mischling und vergißt dabei, daß dieses verachtete Wesen meistens mehr Rasse besitzt, als irgendeiner seiner aristokratischen Verwandten. Er ist schlau, beweglich und ausdauernd, und weit besser für den harten Kampf ums Dasein ausgerüstet als seine rasseechten Vettern.

Gesetzt den Fall, wir müßten einen ganz gewöhnlichen Dorfköter, einen kostbaren Windhund und eine Bulldogge auf einer öden, verlassenen Insel aussetzen, welcher von diesen dreien würde wohl nach sechs Monaten noch gesund am Leben sein? Zweifellos der verachtete Köter. – Er besitzt weder die Schnelligkeit des Windhundes, noch die Kraft einer Bulldogge, aber etwas tausendmal Wertvolleres, einen *gesunden Verstand*.

1

In den Bergen, hoch droben in Schottland, auf den Cheviots, war Wully geboren worden. Ihn und einen seiner Brüder hatte man am Leben gelassen, den Bruder, weil er eine große Ähnlichkeit mit dem besten Hund der Nachbarschaft aufwies, und ihn selbst, weil er ein niedlicher, kleiner, gelber Kerl war.

Seine Jugend verbrachte er wie ein richtiger Schäferhund in Gemeinschaft eines erfahrenen Collies, der ihn ausbildete,

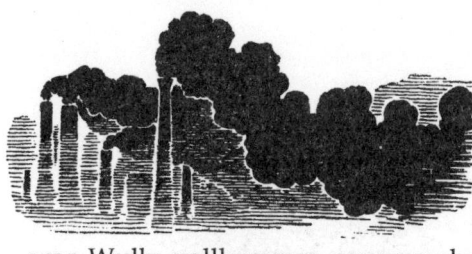 und eines alten Schaf-
hirten, der fast ebenso-
viel Erfahrung besaß,
wie sein gelehriger
Hund. Mit zwei Jahren
war Wully vollkommen ausgewachsen und wußte mit den
Schafen ebensogut umzugehen, wie Alt-Robin, sein Meister,
der ein solches Vertrauen in seine Zuverlässigkeit besaß, daß
er meistens die ganze Nacht im Wirtshaus saß, während Wully die wolligen Dummköpfe in den Hügeln bewachte. Der alte, einfältige Schafhirt, mit allen seinen Fehlern behandelte
Wully selten roh, und dieser vergalt ihm das durch tiefe Ver-
ehrung, um die mancher Große und Weise im Lande den Alten beneidet hätte.

Wully konnte sich kein höheres Wesen vorstellen als Robin,
und doch standen dieses Abgottes körperliche und geistige
Kräfte für nur fünf Shilling die Woche im Dienst eines kleinen
Viehhändlers, des eigentlichen Besitzers von Wullys Schutzbe-
fohlenen. Als dieser Mann nun Robin befahl, seine Herde in
Tagereisen zu den Yorkshire-Märkten zu treiben, war Wully
von all den 376 Wesen, die davon berührt waren, der am meisten Betroffene.

Die Reise durch Northumberland war für ihn bedeutungs-
voll. Am Tynefluß wurden die Schafe auf ein Fährboot getrieben und am anderen Ufer in Southshields aus-
geladen. Die hohen Fabrikschornsteine künde-
ten den Beginn der Tagesarbeit an und hüllten
die Stadt in schwere Nebel und bleigraue
Rauchwolken ein, die die Sonne verdunkel-
ten und wie Sturmwolken über den
Straßen hingen. Die Schafe vermuteten
das Heranziehen eines außergewöhnlich
schweren Cheviotsturms, wurden aufge-

regt und rasten ihren Hütern davon, in 374 verschiedene Richtungen durch die Stadt.

Das war für Robins schwachen Geist zuviel. Er starrte den Schafen einige Augenblicke lang stumpfsinnig nach und gab dann den Befehl: »Wully, bring sie!« Nach dieser Anstrengung setzte er sich nieder, zündete seine Pfeife an und begann, an einem halbfertigen Strumpf zu stricken.

Robins Stimme war für Wully die Stimme Gottes. Davon lief er in 374 verschiedene Richtungen und brachte nach langen Mühen die 374 Ausreißer zu Robin zurück.

Zum Schluß gab Wully – nicht Robin – das Zeichen, daß alle beisammen wären. Der alte Schäfer begann zu zählen: 370, 371, 372, 373. »Wully«, sagte er vorwurfsvoll, »da fehlt ja eins.« Wully sprang vor Scham zitternd davon, um die ganze Stadt nach dem Vermißten abzusuchen. Doch er war nicht lange fort, als ein kleiner Junge Robin klarmachte, daß alle 374 Schafe bereits zur Stelle seien. Der Alte befand sich in größter Verlegenheit. Sein Herr hatte ihm befohlen, so schnell wie möglich Yorkshire zu erreichen, und andererseits wußte er, daß Wully nicht ohne ein Schaf zurückkommen würde, selbst wenn er es stehlen müßte. Derartiges war schon früher vorgekommen und hatte zu höchst unangenehmen Auseinandersetzungen geführt. Was sollte er nun tun? Fünf Shilling wöchentlich standen auf dem Spiel. Wully war ein guter, treuer Hund, und es war jammerschade, ihn zu verlieren; aber wenn er nun, um die Zahl voll zu machen, ein Extraschaf stehlen sollte, was dann? Robin entschied sich endlich, Wully im Stich zu lassen und zog mit seinen Schafen davon. Wie er allein sein Ziel erreichte, das wissen wir nicht, und es kann uns auch gleich sein.

Inzwischen hatte Wully auf der vergeblichen Suche nach dem verlorenen Schaf die Stadt kreuz und quer abgesucht, den ganzen Tag und die folgende Nacht suchte er, bis er schließlich ausgehungert und müde mit eingezogenem Schwanz zum Fährhaus zurückkam, um dort zu entdecken, daß sein Herr mit den Schafen seiner Wege gegangen war. Es war wirklich anrührend, seine Trauer und Verzweiflung mitanzusehen, wimmernd und heulend lief er umher, fuhr dann mit der Fähre zum anderen Ufer hinüber und suchte überall nach Robin. Später kehrte er wieder nach Southshields zurück und verbrachte die Nacht auf der Suche nach seinem verehrten Herrn. Auch den nächsten Tag setzte er die verzweifelte Suche fort, beobachtete und beroch jedermann, der den Fluß überquerte und suchte unablässig in den umliegenden Wirtshäusern nach seinem Herrn. Am folgenden Tag begann er, systematisch alle Leute zu beschnüffeln, die mit der Fähre herüberkamen.

Das Fährboot machte fünfzig Überfahrten an jedem Tag und beförderte durchschnittlich jedesmal hundert Personen. Wully war am Anlegeplatz stets zur Stelle und beroch jedes Bein, das herüberkam – zehntausend mochte er an diesem Tag auf seine eigene Weise untersucht haben. Den nächsten Tag und den übernächsten, die ganze Woche hielt er auf seinem Posten aus, und bald begannen mangelhafte Ernährung und Sorge ihre Wirkung zu zeigen; er wurde magerer und schlechtgelaunter von Tag zu Tag. Niemand durfte ihn berühren, und jeder Versuch, ihn von seiner täglichen Beschäftigung abzubringen, machte ihn wütend.

Tag für Tag, Woche für Woche wartete Wully auf seinen Herrn, aber er kam nicht. Die Fährleute achteten seine Anhänglichkeit und Treue, und obwohl der Vierbeiner anfangs das dargebotene Futter und eine Unterkunft verschmähte, nahm er schließlich ihre Gaben an. – Wenn auch verbittert, denn sein Herz hing nach wie zuvor an seinem treulosen Herrn und Meister.

Vierzehn Monate nach Wullys Ankunft in Southshields machte ich seine Bekanntschaft, und immer noch war er auf Posten. Sein gutes Aussehen hatte er zurückerlangt; sein scharfgeschnittener, kluger Kopf, von einer weißen Halskrause eingerahmt, und seine spitzen, lauschenden Ohren machten einen auffallend hübschen Hund aus ihm, der jedes Auge auf sich zog. Nachdem er meine Beine beschnüffelt und entdeckt hatte, daß sie nicht die waren, die er suchte, beachtete er mich nicht weiter, und trotz meiner Versuche, seine Freundschaft zu gewinnen, schenkte er mir nicht mehr Vertrauen, als irgendeinem anderen.

Zwei volle Jahre hielt dieses ergebene Tier an der Fähre aus. Es war nicht die große Entfernung oder die Furcht sich zu verlaufen, die ihn davon zurückhielt, nach Hause in die Hügel zurückzukehren, es war die Überzeugung, daß Robin, sein Abgott, sein Bleiben beim Fährboot wünschte, und er blieb.

So oft Wully es für nötig hielt, überquerte er den Fluß. Der Überfahrtspreis für einen Hund betrug einen Penny, und man hatte ausgerechnet, daß er der Gesellschaft Hunderte von Pfund schuldete, als er seinen Platz aufgab.

Von Robin hatten wir niemals auch nur das geringste vernommen, aber eines Tages betrat ein rüstiger Viehtreiber die Fähre, und Wully, der ihn seiner Gewohnheit gemäß beschnüffelte, wurde plötzlich aufgeregt, seine Mähne sträubte sich, er zitterte und ein leises Knurren entfuhr ihm.

Einer von den Fährleuten, der nicht verstand, was vorging, rief dem Fremden zu: »Paß auf, Mann, daß du unserem Hund nichts tust.«

»Was soll ich ihm zuleide tun, eher könnte der Köter mir etwas anhaben.« Irgendwelche weitere Aufklärung war unnötig, Wully war wie ausgewechselt, er schmiegte sich dicht an den Fremden und sein Schwanz wedelte leidenschaftlich, zum erstenmal seit Jahren.

Einige Worte machten alles klar. Dorley, der Viehtreiber, hatte Robin gut gekannt, seine Handschuhe und sein Halstuch waren von Robins eigener Hand gestrickt und früher in dessen Besitz gewesen. Wully zweifelte, daß er je seinen verlorenen Abgott wiederfinden würde, verließ seinen Posten an der Fähre und gab deutlich die Absicht kund, dem Eigentümer von Robins Halstuch zu folgen. Dorley hatte nichts dagegen, nahm ihn mit heim in die Berge von Derbyshire, und Wully wurde zum zweiten Mal ein Schäferhund.

2

Monsaldale ist eins der bekanntesten Täler in Derbyshire. Es hat nur ein einziges, aber um so berühmteres Wirtshaus, und der Besitzer, Jo Greatorex, ist ein schlauer und handfester Kerl. Die Natur hatte ihn zum Krieger bestimmt, aber die Umstände machten ihn zum Gastwirt und seine Neigung zur Wilddieberei war in dieser Gegend an der Tagesordnung.

Wullys neue Heimat lag auf dem Hochland, östlich des Tals und über Jos Wirtshaus. Dorley besaß ein kleines Bauerngut und in den Marschen eine große Herde Schafe. Diese hütete Wully mit seinem angeborenen Scharfsinn, bewachte sie, während sie weideten, und brachte sie am Abend in den Stall. Er war zurückhaltend und argwöhnisch für einen Hund und leicht geneigt, Fremden die Zähne zu zeigen, aber er war so aufmerksam beim Bewachen seiner Herde, daß Dorley in diesem Jahr nicht ein einziges

Schaf verlor, obwohl die Nachbarn Geiern und Füchsen den gewöhnlichen Tribut zahlen mußten.

Die Täler dort sind eine ungeeignete Gegend für Fuchsjagden; die zerklüfteten Züge, hohen Steinwälle und Anhöhen sind zu zahlreich, Schlupfwinkel zwischen den Felsen gibt es so viele, und es war erstaunlich, daß die Füchse in Monsaldale nicht überhandnahmen. Man hatte wenig Grund gehabt über sie zu klagen, bis zum Jahr 1881, als ein schlauer, alter Fuchs sich in dem reichen Kirchspiel niederließ, wie eine Maus in einem fetten Käse, und über alle Nachstellungen von edlen Jagdrüden und gemeinen Dorfkötern lachte.

Verschiedene Male wurde er mit Hund und Pferd verfolgt und verschwand immer im Teufelsloch, einer Höhle von unerforschter Ausdehnung – dort war er sicher. Die Landbevölkerung fing an, etwas mehr als Zufall hinter der Tatsache zu suchen, daß er stets ins Teufelsloch entwischte, und als einer von den Hunden, der diesen Teufelsfuchs beinahe erwischte, bald darauf verrückt wurde, stand die Abstammung besagten Fuchses außer Zweifel.

Er setzte seine Räuberlaufbahn fort, bis er schließlich aus Spaß am Blutvergießen zu reißen begann. Digby verlor zehn Lämmer in einer Nacht, Caroll sieben in der nächsten, später wurde der Ententeich des Pfarrhauses vollkommen verwüstet, und es verging kaum ein Tag, an dem nicht irgend jemand vom Mord an Geflügel, Lämmern oder Schafen und schließlich selbst an Kälbern zu berichten hatte.

Das blutrünstige Treiben wurde diesem einen Fuchs aus dem Teufelsloch zugeschrieben. Es war nur bekannt, daß er ein außergewöhnlich großer Fuchs war, wenigstens einer, der eine breite Spur hinterließ, doch niemand, selbst kein Jäger, hatte ihn je aus der Nähe gesehen. Auch hatte man bemerkt, daß Donner und Doria, die besten Hunde der Meute, sich geweigert hatten, auf der Hetz seiner Spur zu folgen.

Die Bauern von Monsaldale beschlossen, sich beim ersten
Schnee unter Jos Leitung zu versammeln, die ganze Gegend
abzuklopfen, um auf irgendeine erlaubte oder unerlaubte Art das »unschuldige« Füchslein loszuwerden.
Aber der Schnee kam nicht, und der rothaarige Ehrenmann lebte munter weiter. Niemals suchte er
zwei aufeinanderfolgende Nächte denselben Bauernhof heim, niemals fraß er, wo er gerissen hatte,
und niemals hinterließ er eine Spur, die den Weg,
den er genommen hatte, verraten hätte.

Ein einziges Mal lief er mir über den Weg. Ich kam auf dem
Pfad von Bakewell nach Monsaldale spät in der Nacht,
während eines heftigen Sturmes, und als ich um die Ecke eines
Schafstalles bog, fuhr plötzlich ein heller Blitzstrahl zu Boden.
In seinem Licht erblickte ich ein Bild, das mich zurückschrecken ließ. Neben dem Weg saß in geringer Entfernung ein
riesiger Fuchs, der mich mit glühenden Augen anstarrte und
sich bezeichnend die Schnauze leckte. Dies war alles, was ich
sah, und ich würde es wohl vergessen oder es für einen Irrtum
gehalten haben, hätte man nicht am nächsten Morgen in demselben Stall die Kadaver von dreiundzwanzig Schafen gefunden.

Nur eine Herde ließ der Mörder in Frieden, das war Dorleys, und dies schien um so sonderbarer, als er mitten in der
gefährdeten Gegend und nur einen Kilometer vom Teufelsloch
entfernt lebte. Der treue Hund bewies seine Überlegenheit
über alle Köter der Nachbarschaft; Abend für Abend brachte er
seine Herde heim, und niemals fehlte auch nur einer seiner
Schützlinge. Der wilde Fuchs mochte um Dorleys Hof herumstreifen, aber Wully, der schlaue, tapfere und aufgeweckte
Wully, war ein unüberwindlicher Gegner für ihn und rettete

nicht nur seines Meisters Herde, sondern entwischte auch stets selbst mit heiler Haut. Jedermann bezeugte eine wahrhafte Hochachtung für ihn, und er wäre gewiß ein Liebling aller gewesen, wenn seine Laune sich nicht von Tag zu Tag verschlechtert hätte. Dorley und dessen älteste Tochter Hulda, ein aufgewecktes, hübsches, junges Mädchen, schienen Wully gern zu haben, die übrigen Mitglieder der Familie waren ihm gleichgültig, aber er duldete sie; den Rest der Welt, Menschen und Hunde, schien er zu hassen.

So mürrisch und bösartig Wully sich auch der Welt gegenüber benahm, er zeigte sich stets gutmütig gegenüber Dorleys Schafen. Viele Geschichten waren über ihn im Umlauf; manch' armes Lamm, das ins Wasser oder in eine Kluft gefallen war, wäre elendiglich ohne Wullys rechtzeitige, tatkräftige Hilfe umgekommen. Sein kühnes Auge entdeckte jeden Adler, der über dem Moor seine Kreise zog, und seine tollkühne Tapferkeit trieb ihn auf Nimmerwiedersehen davon.

3

Als der Schnee kam, spät im Dezember, zahlten die Monsaldale-Bauern wie zuvor ihren nächtlichen Tribut an den gierigen Fuchs. Die Witwe Gelt verlor ihren einzigen Besitz, eine Herde von zwanzig Schafen, und am nächsten Tag beim Morgengrauen zogen die männlichen Bewohner des Dorfes aus, auf die Suche nach dem Wüterich. Die Gewehre offen zur Schau tragend, folgten sie den verräterischen Spuren im Schnee, den Spuren eines außergewöhnlich großen Fuchses, zweifellos die des mörderischen Gesellen. Eine Zeitlang war die Spur leicht zu erkennen, bis sie am Fluß verschwand und die angeborene Schlauheit des Fuchses bewies. Das Tier war stromabwärts auf das Wasser zugelaufen und dann in den

seichten Fluß hineingesprungen. Doch auf der andern Seite führte keine Spur heraus, und nach langem Suchen fanden die Bauern endlich 500 Meter strom- aufwärts die Stelle, wo er das Wasser verlassen hatte. Dann führte die Fährte zu einem hohen Steinwall, von dem der Sturm den Schnee heruntergefegt hatte und wo folglich keine Spuren zu erkennen waren. Die beharrlichen Jäger ließen sich nicht irreleiten, aber als die Spuren den weichen Schnee zwischen der Mauer und der Fahrstraße überquert hatten, war die Meinung geteilt: Einige behaupteten, der Fuchs sei nach links, andere wieder, er sei nach rechts gelaufen. Doch Jo, der Führer, entschied die Streitfrage, und nach langem, erfolglosem Suchen fanden sie schließlich dieselbe Spur von der Straße in einen Schafstall hineinführend. Ohne den Bewohnern ein Leid zuzufügen, hatte der Fuchs das Gehöft wieder verlassen, war genau in die Fußstapfen eines Bauern hineingetreten und geradewegs auf Dorleys Farm zugetrottet.

Wegen des Schneefalls hatte Dorley die Herde an jenem Tag nicht hinausgetrieben, und Wully lag un- beschäftigt in der Sonne. Als die Jäger sich dem Haus näherten, knurrte er wütend und lief um die Ecke her- um zum Schafstall. Jo Greatorex durchquerte den Hof, warf einen Blick auf Wullys Spur im frischen Schnee und rief, auf den sich entfernenden Schäferhund zeigend:

»Jungens, den Fuchs haben wir nicht, aber dort läuft der Schafmörder.«

Einige stimmten Jo bei, andere äußerten Zweifel und meinten, man solle zurückge- hen und die Fährte von neuem verfolgen. Im selben Augenblick trat Dorley aus dem Haus.

»Tom«, sagte Jo, »dein Köter hat vergangene Nacht die Schafe der Witwe Gelt gerissen, und ich glaube kaum, daß dies sein erster Mord war.«

»Was?« sagte Tom, »bist du verrückt? Ich hatte niemals einen besseren Hund – er geht für die Schafe durchs Feuer.«

»Ja, ja«, meinte Jo, »das hat er letzte Nacht gründlich bewiesen.«

Die Bauern erzählten ihm ausführlich von ihrer Suche am Morgen, doch alles war vergeblich, Tom schwörte, daß alles eine eifersüchtige Verschwörung sei, um ihn seines treuen Hundes zu berauben.

»Wully schläft jede Nacht in der Küche, und kommt nicht heraus, bis er die Herde auf die Weide treibt. Es ist alles Unsinn. Das ganze Jahr verbringt er mit den Schafen, und nicht einen Huf habe ich verloren.«

Tom ereiferte sich über diese ungeheuerliche Verschwörung gegen Wullys Ruf und Leben. Jo und seine Anhänger wurden schließlich auch erregt, und es war ein Glück, daß Hulda aus dem Hause trat und sie beruhigte.

»Vater«, sagte sie, »ich will heute nacht in der Küche schlafen. Wenn Wully den Versuch macht, davonzuschleichen, werde ich es bemerken, und wenn er ruhig bei mir bleibt und dennoch Schafe gerissen werden, haben wir den Beweis von Wullys Unschuld.«

Hulda streckte sich am Abend auf einer Bank in der Küche aus, und Wully schlief wie gewöhnlich unter dem Tisch. Einige Stunden verrannen, und der Hund wurde unruhig, er wälzte sich auf seinem Lager, stand auf, streckte sich, beobachtete Hulda und legte sich wieder nieder. Ungefähr um zwei Uhr schien er einem inneren Drängen nicht mehr widerstehen zu können, er erhob sich leise, schaute zum niedrigen

Fenster und dann auf das scheinbar schlafende Mädchen. Hulda lag still und atmete ruhig, wie im Schlaf. Wully kam langsam näher und schnaufte ihr direkt ins Gesicht, doch sie rührte sich nicht. Er leckte ihr vorsichtig die Wange und beobachtete dann, seine spitzen Ohren aufrecht und seinen Kopf zur Seite geneigt, ihr unbewegliches Antlitz, aber sie schien ruhig zu schlafen. Der Hund lief zum Fenster, sprang geräuschlos auf den Tisch, schob seine Nase unter den Rahmen und hob das Fenster hoch genug, daß er durch die Öffnung hinauskriechen konnte. Darauf ließ er es leise auf seinen Rücken und Schwanz niedergleiten, und seine Gewandtheit dabei verriet eine lange Übung. Dann verschwand er in der Dunkelheit.

Hulda hatte den ganzen Vorgang mit Erstaunen beobachtet, und nachdem sie eine Zeitlang gewartet hatte, um sicher zu sein, daß der Hund nicht mehr in der Nähe wäre, erhob sie sich, in der Absicht ihren Vater zu rufen. Doch nach einigem Überlegen beschloß sie, abzuwarten. Sie warf Holz aufs Feuer und legte sich wieder nieder. Über eine Stunde lag sie hellwach, dem Ticken der alten Wanduhr lauschend und beim geringsten Geräusch zusammenfahrend. Was mochte der Hund jetzt machen? Hatte er wirklich die Schafe der Witwe gerissen? Die Erinnerung an seine aufopfernde Anhänglichkeit an ihre eigene Herde ließ es ihr unglaublich erscheinen.

Eine weitere Stunde verging. Da vernahm Hulda plötzlich ein leises Geräusch am Fenster, und ihr Herz klopfte in gespannter Erwartung. Das Fenster öffnete sich, und Wully war zurück in der Küche.

Im flackernden Licht konnte Hulda einen fremdartigen, wilden Glanz in seinen Augen erkennen, und seine schneeweiße Brust war mit frischem Blut besudelt. Der Hund hielt

mit seinem Schnaufen inne und beobachtete das Mädchen, dann, als er sah, daß sie sich nicht regte, legte er sich nieder, leckte seine Pfoten und seine Brust und knurrte einigemal leise, wie in der Erinnerung an ein gerade erlebtes Abenteuer.

Hulda hatte genug gesehen. Da war kein Zweifel, Jo hatte recht, und der gefürchtete Fuchs von Monsaldale lag vor ihr. Sie erhob sich, sah Wully in die Augen und rief: »Wully! Wully! So ist's doch wahr? Du entsetzlicher Wüterich!«

Ihre Stimme erzitterte durch den stillen Raum und Wully erstarrte, wie vom Blitz getroffen. Er warf einen verzweifelten Blick auf das geschlossene Fenster, seine Augen glitzerten und seine Mähne sträubte sich, aber er kauerte sich unter ihrem festen Blick zusammen und kroch auf dem Boden auf sie zu, als ob er um Gnade betteln wollte. Langsam kroch er näher und näher, wie um ihre Füße zu lekken, bis er dicht vor ihr war, dann, mit der Wut eines Tigers, aber ohne einen Laut von sich zu geben, sprang er ihr an den Hals.

Der Angriff kam für das Mädchen unerwartet, aber noch zur rechten Zeit hob sie ihren Arm empor und Wullys lange, weiße Zähne bohrten sich in ihr Fleisch und knirschten auf den Knochen.

»Hilfe! Hilfe! Vater! Vater!« schrie sie.

Wully war eine leichte Last, und für einen Augenblick schleuderte sie ihn weg, aber seine Absicht war nicht mißzuverstehen: Der Kampf hatte begonnen, es ging um Leben und Tod.

»Vater! Vater!« gellte es durch die Stille der Nacht, als die gelbe Furie in der Absicht, sie zu töten, die Hände des Mädchens zerbiß und zerfleischte.

Vergeblich suchte sie, ihn von sich abzuwehren, bald hätte er sie am Hals erfaßt, wenn nicht Dorley im rechten Augenblick herbeigeeilt wäre.

Gerade auf ihn los, lautlos wie zuvor, sprang Wully und biß und zerfleischte ihn, bis ein tödlicher Schlag mit der Axt ihn kampfunfähig machte. Ein zweiter Hieb schleuderte ihn mit zerschmettertem Schädel vor den Herd, wo er so lange geehrt und geachtet mit Dorley gehaust hatte – und Wully, der kluge, tapfere, treue und – verräterische Wully tat einen tiefen Atemzug, streckte sich und lag still für immer.

Der Paßgänger

1

Jo Calone warf seinen Sattel auf den staubigen Boden, koppelte die Pferde los und schritt sporenklirrend in das Farmhaus. »Bald Essenszeit?« fragte er.

»Siebzehn Minuten«, antwortete der Koch, nach einem Blick auf seine dicke Tombakuhr mit der Würde und Sicherheit eines Zugführers.

»Wie stehts am Perico?« fragte er dann.

»Das Vieh ist in bestem Zustand und Kälber gibts in Hülle und Fülle.«

»An der Antilopen-Quelle kam uns eine Herde Mustangs in den Weg, mit einigen Füllen, darunter ein kleiner, schwarzer Teufel, ein geborener Paßgänger. Eine Meile oder zwei folgte ich ihnen, der Schwarze leitete und immer im Trab. Dann ließ ich mein Pferd ausgreifen und jagte sie nur zum Spaß vor mir her, und kein Tropfen soll wieder über meine Lippen gehen, wenn der Kleine nur einmal seinen Trott gebrochen hätte.«

So erzählte Jo und die anderen lachten ihn aus.

Am Tage darauf waren die Hirten in einer anderen Gegend und die Mustangs vergessen.

Im nächsten Jahr kam man bei der Viehzählung wieder in jene Ecke von Neu-Mexico, und wieder wurden die Mustangs gesehen. Das dunkle Füllen war jetzt zum schwarzen Einjährigen herangewachsen, mit dünnen, zarten Beinen und glatten

Flanken, und mehr als einer von den Hirten sah mit eigenen Augen dieses Naturspiel – der Mustang war ein geborener Paßgänger.

Jo war dabei, und der Gedanke kam ihm, daß es wohl der Mühe wert wäre, das Füllen einzufangen. Einem, der im Osten aufgewachsen ist, mag diese Idee nicht so originell und außergewöhnlich erscheinen; aber im Westen, wo ein rohes Pferd zwanzig Mark wert ist und ein gewöhnliches Reitpferd sechzig bis achtzig Mark kostet, kommt einem Hirten schwerlich der Wunsch in den Sinn, einen wilden Mustang als Eigentum zu besitzen. Mustangs sind ungewöhnlich schwer einzufangen, und wenn man sie schließlich doch erwischt, sind sie wilde Gefangene, nicht zu zähmen und daher selten brauchbar. Die meisten Besitzer von Viehherden pflegen alle Mustangs, die in ihr Gebiet kommen, abzuschießen, denn sie fressen nicht nur dem Vieh das Futter weg, sie verwirren auch die Herden der zahmen Pferde und bringen folglich nur Schaden.

Jo Calone kannte ein wildes Pferd von den Ohren bis zur Spitze des Schweifes. »Niemals habe ich ein weißes gesehen«, meinte er, »das nicht leicht zu ziehen gewesen wäre, noch ein braunes, das nicht nervös war, keinen Fuchs, der unbrauchbar gewesen wäre, und niemals einen Rappen, der nicht hart war wie Stahl und den Teufel in sich hatte.«

Wenn nun schon ein gewöhnlicher Mustang ein wertloser Kadaver ist, so ist ein schwarzer zehnmal schlimmer als wertlos. Jos

Freunde hielten seine fixe Idee, den
Jährling zu fangen, deshalb einfach für
Blödsinn, doch er schien entschlossen
zu sein, wenn sich ihm auch im selben
Jahr keine Gelegenheit bot, es zu versu-
chen.

Jo war nur ein einfacher Kuhhirt mit einem kleinen Gehalt
und an feste Stunden gebunden. Wie die meisten anderen, hatte er den sehnlichsten Wunsch, einst eine eigene Farm zu besitzen. Sein Brandzeichen, von guten Freunden gewöhnlich
»der Schweinekofen« genannt, war dunklen Ursprungs und
bereits in Santa Fé im Register eingetragen, obwohl es bis dato
nur von einer alten Kuh getragen wurde.

Im Herbst, wenn Jo ausgezahlt wurde, konnte er der Versu-
chung nicht widerstehen, mit seinen Kameraden in die Stadt
zu gehen und sich dort zu amüsieren. Infolgedessen bestand
sein ganzes Eigentum aus wenig mehr als aus seinem Sattel,
seinem Bett und der alten Kuh. Doch er baute Luftschlösser
wie zuvor, hoffte auf irgendeinen glücklichen Zufall, der es
ihm möglich machen sollte, als kleiner Farmer zu beginnen,
und als er nun den Paßgänger zum ersten Mal gesehen hatte,
glaubte er fest, der erste Versuch, ihn zu fangen, würde ihn sofort zum reichen Mann machen.

Die Hirten zogen hinab zum Kanadischen Fluß und im
Herbst zurück über die Don-Carlos-Hügel, und Jo sah nichts
mehr vom Paßgänger, obwohl er des öfteren von ihm erzählen
hörte, denn das Füllen, jetzt ein starkes, junges Pferd, fing an
bekannt, ja beinahe berühmt zu werden.

Die Antilopen-Quelle liegt mitten in einer weiten, grasbe-
wachsenen Ebene, ohne Baum und ohne Strauch. Ist
das Wasser hoch, dehnt es sich aus zu einem kleinen
See, umgürtet von einem Kranz dürftigen Schilfes, tritt es
zurück, hinterläßt es ein weites schwarzes Moor, stellenweise

glitzernd von weißem Salz und die Quelle in der Mitte als ein Wasserloch. Sie hat keinen Abfluß, aber dennoch ziemlich klares Wasser und ist für viele Meilen im Umkreis die einzige Tränke.

Diese Ebene war der Lieblingsfutterplatz des schwarzen Hengstes, aber auch die Weide zahlreicher Herden von zahmen Pferden und Rindern, und besonders das Vieh Fosters, das mit einem L und gekreuztem F gezeichnet war, hielt sich dort auf. Foster hatte, um seine Pferde zu veredeln, zehn Halbblutstuten eingeführt, und neben diesen schlanken, zartfüßigen, rehäugigen Wesen nahmen sich die struppigen Ponys aus wie erbärmliche, verhungerte Abkömmlinge einer armseligen Rasse.

Eine der Stuten wurde im Stall gehalten, während die neun anderen sich auf der Prärie herumtummelten. Pferde haben eine feine Nase, die besten Futterplätze zu finden, und die neun Stuten zogen denn auch zwanzig Meilen nach Süden, zur Antilopen-Quelle. Als Foster im Spätsommer die edlen Tiere heimwärts treiben wollte, fand er sie, aber mit ihnen, und sie mit etwas mehr als nur Kameradschaft bewachend, den kohlschwarzen Hengst. Stampfend trabte er um sie herum, wie ein Schäferhund. Sein schwarzes Fell bildete einen lebhaften Kontrast zu den goldenen Häuten seines Harems.

Die Stuten waren lammfromm, und leicht hätten sie sich heimwärts treiben lassen, doch da trat ein unerwartetes Hindernis ein: Der glänzende Rappe wurde unruhig, er schien seinem Gefolge seine eigene Wildheit einzuflößen und trieb die ganze Herde im Galopp dahin, wie es ihm beliebte. Davon flogen sie, und die kleinen Kuhponys, die die Reiter trugen, blieben weit zurück.

Die Verfolger waren wütend und zogen schließlich ihre Revolver, in der Absicht, den Teufelshengst niederzuschießen. Aber da war neun gegen eins zu wetten, daß nicht der Hengst, sondern eine der Stuten fallen würde. Den ganzen langen Tag verfolgten sie die Herde, aber der Paßgänger hielt seine Familie dicht zusammen, verschwand schließlich zwischen den Hügeln im Süden, und die Reiter auf ihren abgejagten Ponys kehrten rachebrütend zur Farm zurück.

Die Gelehrten sind sich nicht einig über die Anziehungskraft, die Schönheit und Tapferkeit auf die Weibchen unter den Tieren auszuüben pflegen, aber es steht fest, daß ein außergewöhnliches Tier bald ein großes Gefolge aus den Harems der Nebenbuhler anlockt. Der gewaltige Rappe mit seiner pechschwarzen Mähne, seinem stolzen Schweif und seinen grünleuchtenden Augen zog durch die ganze Gegend, und sein Gefolge wuchs von Tag zu Tag. Die meisten waren nur einfache Kuhponys, die von der Weide davongelaufen waren, und die neun goldglänzenden Stuten blieben der Stolz seiner Herde. Ein Pferd, das sich einmal in diesen Haufen verirrt hatte, war verloren und die Züchter sahen bald ein, daß der Hengst mehr Schaden verursachte, als alle anderen Unfälle und Verluste zusammengenommen.

2

Es war im Dezember 1893, ich war ein Neuling in der Gegend und zog vom Farmhaus auf den Pinavetitos aus, um mit dem Wagen den Kanadischen Fluß zu erreichen. Kurz vor meiner

Abfahrt bemerkte Foster: »Und wenn Sie eine Gelegenheit haben, dem Teufelshengst ein Lot Blei in den glatten Leib zu pusten, zielen Sie gut!«

Dies war das erste Mal, daß ich von dem berüchtigten Mustang hörte, und als wir dahinfuhren, erfuhr ich von Burns, meinem Führer, die ganze Vorgeschichte. Ich war gespannt auf ein Zusammentreffen mit dem berühmten Dreijährigen und war nicht wenig enttäuscht, kein Zeichen vom Paßgänger oder seiner Herde zu erblicken, als wir uns am zweiten Tag der Antilopen-Quelle näherten.

Am folgenden Tag jedoch, nachdem wir den Alamosa-Arroyo überquert hatten und langsam die Hochebene erklommen, duckte sich Jack Burns, der vorausritt, plötzlich auf den Nacken seines Pferdes, drehte sich nach mir um und rief:

»Heraus mit der Büchse, dort ist der Hengst!«

Ich packte mein Gewehr und eilte vorwärts zu einem Aussichtspunkt. Drüben in einer Niederung graste eine Herde von Pferden, und an einem Ende stand der große, schwarze Mustang. Er schien unsere Annäherung zu ahnen und witterte Gefahr. Mit erhobenem Kopf und weit aufgeblasenen Nüstern stand er dort, ein Bild der Vollkommenheit und Schönheit, das edelste Tier, das je auf diesen Weiden gegrast hatte, und der bloße Gedanke, dieses herrliche Geschöpf zu vernichten, war mir zuwider. Trotz Jacks wiederholtem Zuruf »Schnell schießen«, zögerte ich, und er, erregt und hastig, verfluchte meine Langsamkeit, ergriff meine Büchse; ich wendete dabei die Mündung nach oben, und *ganz zufällig* ging der Schuß los.

Sofort war die Herde alarmiert, ihr schwarzer Leiter wieherte und kreiste um sie herum, und davon ging es mit klappern-

den Hufen, in eine dicke
Staubwolke eingehüllt.
Jack machte anzügliche
Bemerkungen über mich
und mein Gewehr, aber ich
hatte meine Freude an des
Mustangs Kraft und Schönheit und nie hätte ich ihm ein Leid
zufügen können.

3

Es gibt verschiedene Weisen, einen wilden Mustang einzufangen. Die eine ist bekannt unter dem Fachausdruck
»Kitzeln« – das heißt, man streift den Nacken des Tieres mit einer Gewehrkugel, so daß es für eine Weile
betäubt ist; es erfordert jedoch einen außergewöhnlich sicheren Schützen und wird deshalb äußerst selten mit Erfolg
angewandt.

Zuweilen, wenn die Bodenbeschaffenheit es zuläßt, kann
man die Herde in eine Einzäunung treiben, oft auch werden
die Mustangs mit besonders guten Pferden müde
gejagt, doch für gewöhnlich pflegt man sie
durch ganz langsame, aber kontinuierliche
Verfolgung zu ermatten und dann mit der
Wurfleine zu fangen.

Der Ruf des Hengstes, den niemand je
hatte galoppieren sehen, verbreitete sich
schnell über das ganze Land, und viele Geschichten waren im Umlauf über seine
Gangart, seine Schnelligkeit und Ausdauer.
Als nun eines Tages Montgomery, der Besitzer der mit einem »Triangel« gezeich-

 neten ungeheuren Herden, in Wells-
Hotel in Clayton vor vielen Zeugen er-
klärte, daß er tausend Dollar in bar an
denjenigen zahlen wollte, der ihm den
Hengst heil und unversehrt bringen würde, faßten wenigstens
ein Dutzend junger Hirten den Entschluß, den lockenden
Preis zu gewinnen. Auch Jo Calone hatte davon gehört und
sah ein, daß keine Zeit mehr zu verlieren wäre, er löste alle
Verträge und arbeitete Tag und Nacht, um die zur Verfolgung
nötige Ausrüstung aufzubringen.

Unter tatkräftiger Beihilfe einiger uneigennütziger Freunde
brachte er eine Expedition zusammen, bestehend aus zwanzig
tüchtigen Reitpferden, einem Küchenwagen und Proviant für
drei Mann – sich selbst, seinen Freund Charley und den Koch.

Eines schönen Tages zogen die drei von Clayton aus, in der
felsenfesten Absicht, das wunderbare, wilde Roß langsam
durch hartnäckige Verfolgung müde zu hetzen. In der Nähe
der Antilopen-Quelle fanden sie die Herde mit ihrem schwarzen Führer, und Jo nahm die Fährte auf.

Im weiten Bogen ging die Reise drei Tage und drei Nächte
lang vorwärts, Jo und Charley folgten den wilden Pferden immer in Sehweite, und der Küchenwagen zog langsam hinterdrein. Eine schöne schneeweiße Stute ließ die Herde auch
nachts im Licht des Mondes erkennen und tags war es der
schwarze Teufelshengst, der seinen Harem vergeblich zu einer
schnelleren Gangart anzustacheln suchte.

Am dritten Tag war der Kampf beinahe gewonnen, die Herde war den Verfolgern höchstens eine Meile voraus und schien
sich an diese fremden Gesellen gewöhnt zu haben.

Der vierte und fünfte Tag ging vorüber, und die Verfolgten waren nun beinahe zum Ausgangspunkt der un-
freiwilligen, ermüdenden Reise zurückgekehrt. Die Jagd war
planmäßig vor sich gegangen und in einem weiten Kreis-

bogen verlaufen, während der Küchenwagen in einem kleineren gefolgt war. Die wilden Pferde waren wieder in der Nähe der Antilopen-Quelle angelangt, zu Tode ermattet und durstig, ihre Verfolger frisch und munter auf frischen Ponys. – Erst am späten Nachmittag trieben sie die Verdurstenden zur Quelle, und diese füllten ihre Leiber mit einer wahren Wasserflut. Nun war der rechte Zeitpunkt für die geschickten Lassowerfer gekommen, sich auf ihren gut gefütterten Pferden der Herde zu nähern, denn ein plötzliches, langes Trinken wirkt fast lähmend auf die Glieder und die Lungen, und es wäre ein Leichtes gewesen, in diesem Augenblick eins nach dem anderen mit der Wurfleine einzufangen.

Doch da gab es einen Hinderungsgrund, das Ziel der langen Verfolgung: Der schwarze Hengst, er schien von immenser Ausdauer, schnellfüßig und kräftig lief er auf und davon in seinem schwingenden Paßgang, wie am ersten Morgen, als die Jagd begonnen hatte. Er bemühte sich, durch lautes Wiehern und sein glänzendes Beispiel die Herde vorwärts zu treiben. Aber alles war vergeblich, sie war am Ende mit ihrer Kraft. Die alte, weiße Stute, die das Auffinden während der Nacht so erheblich erleichtert hatte, war schon Stunden zuvor tot zu Boden gesunken, und die übrigen schienen alle Scheu vor den Reitern verloren zu haben, die Herde war in Jos Gewalt. Doch der eine, der der lockende Preis der ganzen Jagd gewesen war, schien unerreichbarer als zuvor.

Jos Kameraden standen vor einem Rätsel, sie kannten ihren Freund genau und wären nicht erstaunt gewesen, hätte er in einem plötzlichen Wutanfall den Hengst niederzuschießen versucht. Doch Jo lag dieser Gedanke fern. Die ganze lange

Woche hatte er das Pferd bei der Verfolgung beobachtet, und nicht ein einziges Mal hatte er es
galoppieren sehen.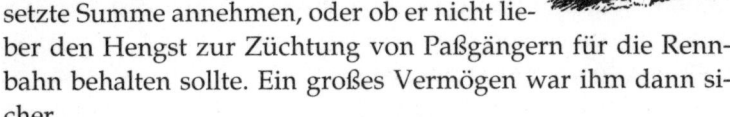
Die Bewunderung des Pferdeliebhabers für
das edle Tier war von Tag zu Tag gewachsen,
und Jo fragte sich jetzt oft, ob er die ausgesetzte Summe annehmen, oder ob er nicht lieber den Hengst zur Züchtung von Paßgängern für die Renn-
bahn behalten sollte. Ein großes Vermögen war ihm dann sicher.

Noch war er nicht in seiner Hand, aber der Zeitpunkt zur
Beendigung der Jagd gekommen, und Jo bestieg sein bestes
Pferd, von edlem Blut, leichtfüßig und stark, zur großen
Schlußhetze. Das Lasso sorgfältig aufgerollt in der linken
Hand und zum ersten Mal die Sporen benutzend, galoppierte
Jo geradewegs auf den Hengst los. Dieser trabte davon, die
müden Stuten zerstreuten sich nach allen Richtungen.

Es war unglaublich, Jo spornte und peitschte sein Roß,
das wie der Wind über die Ebene dahinflog, aber der
Raum zwischen ihm und dem Paßgänger verringerte sich
auch nicht um eine Handbreit. Der Schwarze wirbelte dahin, kreuzte ein schmales Tal, dann eine sandige, gefahr-
volle Strecke, zerwühlt von Präriehunden, verschwand hinter einem Hügel, und als Jo ihn wieder in Sicht bekam, war
die Entfernung nur größer geworden. Er fluchte, trieb
und spornte sein Roß an, bis das arme, gehetzte Tier in einen nervösen, unsicheren Zustand geriet und nicht länger vorsichtig auf den Weg achtete – es trat plötzlich in ein
Erdloch, stürzte, und Jo flog in weitem Bogen zur Erde.
Obwohl arg gequetscht und zerschunden, sprang er auf
die Füße und wollte das aufgeregte Tier wieder bestei-
gen. Aber das war unmöglich – das linke Vorderbein war
gebrochen.

Jo fügte sich in das Unabwendbare, erlöste das Pferd durch einen Revolverschuß von seiner Qual, schnallte den Sattel los und trug ihn zum Lager zurück. Der Paßgänger brauste davon und war bald den Augen seines Verfolgers entschwunden.

Es war eine Niederlage, jedoch keine vollkommene, denn die Stuten waren jetzt lammfromm, Jo und Charley trieben sie zu Fosters Farm und erhielten eine gute Belohnung. – Jo war mehr als zuvor von dem Wunsch beseelt, den Paßgänger zu besitzen, nachdem er ihn längere Zeit beobachtet hatte. Er schätzte ihn von Tag zu Tag höher und suchte nur nach einem neuen Plan, um die Verfolgung von neuem zu beginnen.

4

Der Koch auf dieser Expedition war Bates – Herr Thomas Bates, wie er sich selbst auf dem Postamt zu nennen pflegte, wohin er regelmäßig ging, um nach Briefen und Geldsendungen zu fragen, die niemals eintrafen. Tom Truthahnspur nannten ihn die Hirten nach seinem Brandzeichen, welches, wie er sagte, in Denver eingetragen war und seinen Erzählungen nach von ungezähltem Herdenvieh auf den Weiden des unbekannten Nordens getragen wurde.

Als Bates zur Teilnahme an der Verfolgung des berühmten Mustang aufgefordert wurde, hatte er spöttische Bemerkungen fallen lassen, über Pferde, die nicht mehr wert wären als zwölf Dollar das Dutzend, und hatte es vorgezogen, für einen geringen Lohn mitzugehen. Doch keiner, der den Paßgänger einmal in seinem stolzen Trab bewundern durfte, konnte den Gedanken an dieses edle Tier wieder loswerden. Auch Truthahnspur erfuhr es an sich selbst, und er hatte nur noch den einen

Wunsch, den Mustang zu besitzen. Wie dies auszuführen sei, war ihm noch nicht ganz klar, bis eines Tages ein befreundeter Hirte namens Smith, allgemein bekannt als Hufeisen-Billy, zu Besuch auf der Farm erschien. Während das ausgezeichnete frische Fleisch, Brot und recht erbärmlicher Kaffee vertilgt wurden, bemerkte Hufeisen-Billy mit beiden Backen kauend:

»Ich sah den Paßgänger heute morgen, nahe genug, um einen Zopf in seinen Schweif zu flechten.«

»Was? und du hast nicht geschossen?«

»Nein, aber ich war nahe daran.«

»Daß du mir keine Dummheiten machst«, rief ein Hirte am anderen Ende des Tisches dazwischen. »Ich wette, daß ehe der Mond wechselt, dieser Teufelshengst mein Brandzeichen tragen wird.«

»Dann mußt du dich ranhalten«, meinte ein anderer, »oder du findest einen ›Triangel‹. auf seinem Bug, wenn du ihn wiedersiehst.«

»Wo hast du ihn getroffen?«

»Die Sache war so: Ich ritt über die Ebene an der Antilopen-Quelle und sah in einiger Entfernung einen Klumpen auf dem trockenen Schlamm liegen. Ich wußte, daß ich ihn nie vorher bemerkt hatte, ritt näher und entdeckte, daß es ein Pferd war, welches flach ausgestreckt dalag. Der Wind war günstig, ich ritt heran und sah, daß es der Paßgänger war, tot wie ein Stück Holz. Doch er schien unverletzt und nicht geschwollen, und ich wußte nicht recht, was ich denken sollte, bis ich sah, wie er mit dem Ohr eine Fliege wegjagte, und ich wußte nun, daß er schlief. Ich nahm mein Lasso, wickelte es auf, sah aber, daß es alt und stellenweise ziemlich abgerieben war, mein Sattel hatte nur einen Gurt, und ich sagte zu mir selbst: ›Sei vernünftig‹, sagte ich ›du zerreißt nur deinen Sattelgurt, stürzt und brichst das Genick.‹ So gab ich dem Sattelhorn einen tüchtigen Schlag, und ich wünschte, ihr hättet den Mustang sehen können. Sechs Fuß hoch sprang er in die Luft und schnaufte wie eine Lokomotive, seine Augen traten heraus, und wie der Blitz sauste er davon Richtung Kalifornien, und wenn er die Gangart, mit der er losging, beibehalten hat, so muß er in dieser Stunde bereits am Ziel sein – und ich wette sonst was, nicht eine Sekunde fiel er aus seinem Paßgang.«

Diese Geschichte wurde nicht ganz so fließend erzählt, wie sie hier wiedergegeben ist, sie wurde unterbrochen durch Zwischenrufe und durch unausgesetztes Kauen und Schlucken, denn Billy war ein gesunder, junger Mann ohne jede Schüchternheit. Jedermann schenkte der Erzählung Glauben, denn Billy war als glaubwürdig bekannt. – Von allen, die dabei saßen, redete Truthahnspur am wenigsten, aber dachte vermutlich am meisten, denn es war ihm ein neuer Gedanke gekommen.

Während er nach dem Essen gemächlich seine Pfeife rauchte, arbeitete er den Plan aus und kam zu der Einsicht, daß er ihn nicht allein ausführen könnte, er nahm Hufeisen-Billy beiseite, und der Erfolg der Unterredung war, daß Billy mitmachen sollte bei dem erneuten Versuch, den Paßgänger zu fangen. 5000 Dollar waren jetzt als Preis ausgesetzt.

Die Antilopen-Quelle war immer noch die Tränke des Paßgängers. Das Wasser sank und hinterließ einen breiten Gürtel von schwarzem, trockenem Schlamm zwischen der Weide und der Quelle. An zwei Stellen war der Gürtel unterbrochen von einer leicht erkennbaren Fährte, die die Tiere auf dem Weg zur Tränke getreten hatten.

Wilde Pferde pflegen für gewöhnlich immer denselben Pfad zur Quelle einzuhalten, und auf dem am meisten benutzten begannen die beiden Männer mit Hacke und Schaufel eine lange und tiefe Grube zu graben. Zwei Tage nahm diese harte Arbeit in Anspruch, und nachdem sie vollendet war, bedeckten die beiden die Grube sorgfältig mit Stangen, Zweigen und Erde und versteckten sich in einiger Entfernung.

Ungefähr um Mittag kam der Paßgänger, wie immer allein, seit man seine Herde gefangen hatte. Der Pfad auf der entgegengesetzten Seite des Schlammgürtels war wenig benutzt, und Tom hatte einige frische Zweige darüber geworfen, um sicher zu gehen, daß der Hengst von der anderen Seite kommen sollte.

Doch der Engel, der über den freien Wald- und Feldbewohnern wacht und sie vor Unheil warnt, schläft nicht!

Der Paßgänger kam den Pfad auf der entgegengesetzten Seite entlang getrottet, die verdächtig aussehenden Zweige hielten ihn nicht zurück, arglos lief er zum Wasser hinunter und trank. Es gab nur noch einen Ausweg, um ein vollkommenes Mißlingen des Anschlags zu verhindern. Als der Mustang seinen Kopf zum zweiten kräftigen Zug, den Pferde stets zu nehmen pflegen, niederbeugte, verließen Bates und Smith ihre Löcher, liefen schnell hinüber, und als er sein stolzes Haupt erhob, schickte Smith einen Revolverschuß in den Erdboden hinter ihm.

Davon trabte der Hengst im berühmten Paßgang, gerade auf die Falle los. Noch eine Sekunde und er war gefangen, schon war er auf dem Pfad, und schon glaubten seine Nachsteller, daß sie ihn sicher hätten; aber der Engel des wilden Geschöpfes schlief nicht, er warnte noch zur rechten Zeit, und mit einem mächtigen Satz sprang er über die fünfzehn Fuß lange Falle und verschwand im Süden, um auf keinem der alten Pfade die Antilopen-Quelle je wieder zu besuchen.

5

Jo Calone war tatkräftig und ausdauernd, er hatte nun einmal den Entschluß gefaßt, den Mustang zu fangen,
und als er ahnte, daß andere ihm den
Rang abzulaufen suchten, machte er sich daran,
den besten bisher unversuchten Plan auszuführen – den Plan, durch welchen der Präriewolf
den schnelleren Feldhasen fängt und der berittene Indianer
die bei weitem flinkere Antilope – den alten Plan der Staf-
fettenjagd.

Der Kanadische Fluß im Süden, sein Seitenfluß,
der Arroyo im Nordosten und die Don-Carlos-Hügel mit dem
Ute-Creek-Tal im Westen bilden ein sechzig Meilen weites
Dreieck, welches die Weidegründe des Paßgängers umfaßte.
Man wußte, daß er diese Grenzen niemals überschritt, und die
Weiden an der Antilopen-Quelle waren stets sein Hauptquar-
tier. Jo kannte jedes Wasserloch und alle Quertäler ebensogut
wie der Paßgänger.

Zwanzig Pferde und fünf tüchtige Reiter hatte er zusam-
mengebracht. Die Rosse, seit zwei Wochen mit kräftigem Ha-
fer gefüttert, wurden vorausgesandt, jedermann wußte genau,
welche Rolle er bei der Jagd zu spielen hatte, und am Tag vor
dem Beginn des Rennens war jeder auf seinem Posten. Am
Morgen des ereignisvollen Tages erschien Jo mit seinem Wagen auf der Ebene an der Antilopen-Quelle, schlug in einer
kleinen Niederung sein Lager auf und wartete.

Endlich kam er, der kohlschwarze Hengst, vom Süden herauf, allein wie jetzt immer, schritt ruhig zur Quelle hinunter
und trank.

In dem Augenblick, als er den Kopf erhob und sich
umwandte, spornte Jo sein Pferd an. Der Paßgänger hörte

Ernest Seton Thompson

das Klappern der Hufe, sah das Pferd auf sich zu galoppieren, und da er nicht den Wunsch hatte, es näher zu betrachten, trabte er davon. Quer über die Ebene floh er, nach Süden und sein wunderbarer Paßgang wurde länger und länger. In den Sanddünen gewann er beträchtlich an Vorsprung, denn Jos beladenes Pferd sank bis über die Fesseln in den losen Sand.

Aber vorwärts, immer vorwärts ging es, und Jo schonte weder Sporen noch Peitsche. Eine Meile – noch eine Meile – und eine dritte Meile, und in der Ferne tauchten die Felsenspitzen des Arriba auf.

Jo wußte, daß dort frische Pferde auf ihn warteten, und er trieb sein Roß mitleidlos vorwärts, aber die nachtschwarze Mähne, die im Wind vor ihm her flatterte, rückte weiter und weiter aus seiner Reichweite.

Endlich war das Arriba-Tal erreicht, der dort wartende Posten versteckte sich, um nicht vom Paßgänger gesehen zu werden und damit dem Rennen eine andere Richtung zu geben, und der Hengst sauste vorüber.

In mächtigen Sätzen kam Jo auf seinem abgehetzten Roß hintendrein, sprang auf das bereitgehaltene Pferd und zwang es mit Sporen und Peitsche zur rasenden Verfolgung, aber er gewann nicht einen Zoll.

Die Stunden verrannen, frische Reiter auf frischen Rossen lösten Jo ab, aber alles erfolglos. –

Carrington, der jüngste unter den Hirten, hatte seine Mähre durch allzu hitziges Galoppieren beim Beginn der Verfolgung verdorben, und als die Hetz nun durch Kaktussträucher und über die Erdlöcher von Präriehunden hinwegging, wurde das nervöse Tier aufgeregt, stürzte und brach sich das Genick.

Carrington kam mit dem Leben davon, aber das Pony liegt noch heute dort, und der schwarze Hengst trabte davon.

Es war nahe der Stelle, wo Jo selbst, erholt und auf einem frischen Roß, wartete,
und binnen dreißig Minuten nahm er wieder
die Verfolgung des Paßgängers auf.

Der wildeste und anstrengendste Teil des
Rennens begann nun. Die Sonne brannte glühend heiß, über
der ausgedörrten Ebene flimmerte die heiße, drückende Luft,
von keinem Hauch bewegt, Augen und Lippen waren
verbrannt von Sand und Salz; aber das verzweifelte Rennen nahm seinen Fortgang. Die einzige Aussicht für Jo zu
gewinnen war, wenn er den Mustang zurück zum Arroyo treiben konnte. Seit dem Beginn der Jagd konnte er dem Schwarzen jetzt zum ersten Male Anzeichen von Müdigkeit und
Schwäche anmerken, Mähne und Schweif waren gesenkt, und
die halbe Meile Entfernung zwischen ihnen war auf die Hälfte zusammengeschmolzen. Aber noch ging es vorwärts,
trabend, immer trabend.

Stunde um Stunde verrann, und die Nacht zog herauf, als
sie die Arroyo-Furt erreichten. Jo hatte gehofft, der schäumende Hengst würde trinken, aber er war zu klug, er steckte nur
die Nase ins Wasser, platschte durch die Flut und trabte vorwärts mit dem Verfolger hinter ihm. Dann verschwanden sie
in der Dunkelheit.

Am Morgen kam Jo zum Lager zurück – zu Fuß. Er hatte
nicht viel zu berichten: Acht Pferde gestürzt, fünf Mann restlos
ermattet und der Paßgänger in Sicherheit und frei.

»Für Menschen ist er unerreichbar, und es tut mir nur leid,
daß ich ihm nicht eine Kugel in die Teufelsknochen gejagt habe«, sagte Jo, und gab es auf.

6

Truthahnspur war der Koch auch auf dieser Expedition. Er hatte die Hetze mit mehr Teilnahme beobachtet, als irgendein anderer, und als sie mißlang, schmunzelte er in seinen Topf und sagte: »Dieser Mustang ist mein, oder Thomas Bates ist ein großer Dummkopf!«

Die unausgesetzte Verfolgung hatte den Paßgänger wilder gemacht als zuvor, aber sie hatte ihn dennoch nicht von der Antilopen-Quelle weggetrieben. Es war die einzige Tränke, die einem Feind auch nicht das kleinste Versteck bot, und hierher kam er jeden Tag um die Mittagszeit und näherte sich, nachdem er vorsichtig umhergespäht hatte, um zu trinken.

Seit der Gefangennahme seines Harems hatte der schwarze Hengst ein einsames Dasein geführt, und so entwarf Truthahnspur einen neuen Plan. Des alten Kochs Freund hatte eine kleine, hübsche, braune Stute, und mit Hilfe dieser hoffte er sein Ziel zu erreichen. Er nahm ein Paar der stärksten Fußfesseln, einen Spaten, ein kräftiges Lasso und einen dicken Pfosten, bestieg die Stute und ritt zur bekannten Quelle.

Ein paar schnellfüßige Antilopen sprangen vor ihm über die Ebene, das Vieh lag in Gruppen umher, und der laute, süße Gesang der Feldlerche erscholl aus der blauen Luft, denn der Winter war davongezogen und hatte dem Frühling Platz gemacht. Das Gras grünte, und die ganze Natur wuchs und gedieh.

Tom prüfte den Wind und untersuchte die Gegend. Die Grube, die er einst gegraben hatte, war mit Wasser angefüllt, obenauf schwammen ein paar tote Feldmäuse, und daneben war der neue Pfad, den die Tiere jetzt zur Quelle nehmen mußten. Truthahnspur begann seine Vorbereitungen; zuerst versenkte er den Pfosten fest in den Erdboden, grub dann ein Loch, tief genug, um sich darin verstecken zu können und breitete seine Decke darin aus. Die kleine Stute band er kurz an, so daß sie sich kaum bewegen konnte, legte das offene Lasso dahinter auf den Erdboden, befestigte das lange Ende desselben am Pfosten und bedeckte die Leine mit Erde und Gras. Darauf kroch er in sein Versteck.

Ungefähr zur Mittagszeit wurde das sehnsüchtige Wiehern der Stute, weit in der Ferne, beantwortet, und der berühmte Mustang tauchte als schwarzer Schattenriß im Westen auf.

Langsam trabte er näher, aber argwöhnisch gemacht durch die hartnäckige Verfolgung, hielt er öfter an, sah sich vorsichtig um, wieherte und erhielt eine Antwort, die sein männliches Herz erzittern ließ. Wieder kam er näher, trabte im weiten Bogen um die Stelle und schien unschlüssig. Sein Schutzengel flüsterte: »Geh' nicht weiter!« aber die braune Stute rief wieder. Seine Kreise wurden enger, er wieherte noch einmal und erhielt eine Antwort, die ihn alle Vorsicht vergessen ließ.

Noch ein paar Schritte und er hielt vor der Stute, berührte liebkosend ihre Nase und machte einige Freudensprünge um sie herum. Dabei standen seine Hinterhufe einen Augenblick inmitten der tückischen Schlinge. Ein kurzer, scharfer Ruck, die Schleife schloß sich und – er war gefangen.

Ein entsetztes Stöhnen entrang sich seiner mächtigen Brust, und ein Satz in die Luft gab Tom Gelegenheit, auch um die Vorderfüße eine Wurfleine zu schleudern, die Schlinge zog sich zu und band schlangengleich die gewaltigen Hufe.

Schreck und Entsetzen liehen dem Mustang für einen Augenblick doppelte Kraft, aber das Ende des Lassos war er-

reicht, und er stürzte zu Boden, ein hoffnungsloser Gefangener. Toms kleine, häßliche, verwachsene Gestalt sprang aus
dem Versteck hervor, um die Unterwerfung zu vollenden. Die
strotzende, urwüchsige Kraft dieses herrlichen Wesens hatte
sich als nutzlos erwiesen gegen die Schlauheit eines kleinen,
alten Mannes.

Tom stand vor seinem Opfer, beobachtete es, und ein
fremdartiges Gefühl kam über den alten Hirten, er zitterte aufgeregt am ganzen Körper, und eine Weile konnte er nichts
tun, als seinen zitternden Gefangenen anzustarren. Aber
bald hatte er das Gefühl überwunden. Er sattelte die Stute, schlang dem Hengst eine Leine um den Hals und befestigte die Fußfesseln. Schnell war alles geschehen, und Tom
war schon dabei, die Reise anzutreten, als ihn ein plötzlicher
Gedanke halten ließ. Etwas ungemein Wichtiges hatte er vergessen. Nach dem Gesetz des Westens war der Mustang
Eigentum des Mannes, der ihm als erster sein Brandzeichen
aufdrückte, und wie war dies ohne ein Brandeisen auszuführen?

Tom ging zur Stute hinüber, hob ihr abwechselnd die Hufe
und untersuchte die Eisen. Richtig, das eine war etwas locker,
er zerrte und riß, half mit dem Spaten nach und bekam es los.
Dürres Schilf gab es in Menge, und ein Feuer war schnell an-
gezündet, bald war die eine Hälfte des Hufeisens rotglühend,
und Tom drückte mit roher Hand auf die linke Schulter des
Mustangs eine Truthahnspur, sein Brandzeichen, tatsächlich
das erste Mal, daß es angewendet wurde. Der Paßgänger er-
bebte, als das glühende Eisen zischend in sein glänzendes Fell
drang, aber es war bald geschehen, und das edle Tier war ge-
brandmarkt für immer.

Das einzige, was noch zu tun übrig blieb, war ihn heimzubringen. Die Leinen wurden gelöst, der Mustang fühlte sich
frei, sprang auf die Füße, um aber sofort niederzustürzen, so-

bald er auszuschreiten versuchte. Die Vorderfüße waren fest zusammengeschnürt, die einzig mögliche Gangart war ein schleppender Schritt oder ein verzweifeltes Aufbäumen, und jedesmal, wenn er versuchte davonzubrechen, stürzte er hilflos zu Boden. Tom auf seinem leichten Pony trieb den schäumenden, wilden Gefangenen vor sich her in Richtung Pinavetitos. Es war ein langer, grausamer Kampf, wutschnaubend versuchte der Hengst, mit sinnlosen Sätzen zu entfliehen, seine glänzenden Flanken waren dick mit Schaum bedeckt und der Schaum gerötet von Blut. Doch sein Meister, kühl und unbarmherzig, zwang ihn vorwärts. Die Senke ins Tal hinab waren sie gezogen, jeder Schritt ein Kampf, und nun standen sie vor der einzigen Stelle, wo sie das Tal durchqueren konnten, der nördlichsten Grenze der angestammten Weidegründe des Paßgängers.

Das erste Farmhaus war in Sicht. Tom atmete erleichtert auf, aber der Mustang sammelte seine letzte Kraft und nahm einen verzweifelten Anlauf. Aufwärts, immer aufwärts sprang er, ungeachtet der schleppenden Leinen und der Schüsse, in die Luft gefeuert, um seine Richtung zu ändern. Aufwärts, immer

aufwärts, auf die steile Klippe sprang er, machte einen wahnsinnigen Satz ins Leere, stürzte hinab – zweihundert Fuß in die
Tiefe, und schlug auf die schroffen Felsen auf – zerschmettert –
aber frei! –